M. JULES GRÉVY

PRÉSIDENT

DE LA RÉPUBLIQUE

PAR

PIERRE HENRY

LONS-LE-SAUNIER
P. MICHAUD, Libraire-Éditeur
6, RUE NEUVE, 6

—

1879

M. JULES GRÉVY

PRESIDENT

DE LA RÉPUBLIQUE

PAR

PIERRE HENRY

LONS-LE-SAUNIER,

P. MICHAUD, LIBRAIRE-ÉDITEUR

1879.

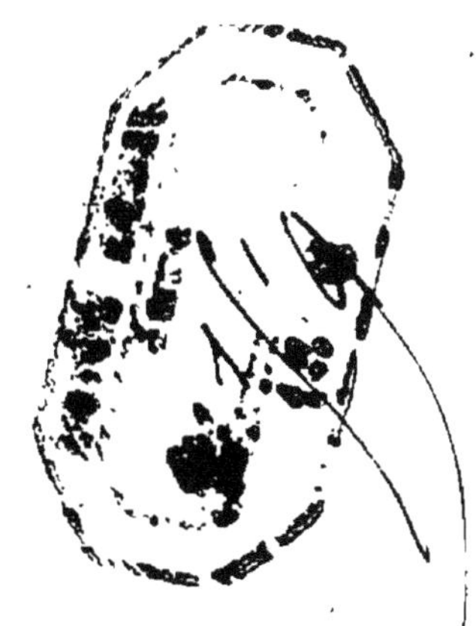

M. JULES GRÉVY

PRÉSIDENT

DE LA RÉPUBLIQUE

M. Jules Grévy est né à Mont-sous-Vaudrey, le 15 août 1807, de parents appartenant à la bourgeoisie.

En 1790, lors de la création des juges de paix, son aïeul paternel fut investi de cette magistrature par le suffrage de ses concitoyens.

Son père partit comme volontaire en 1792. Nommé bientôt chef de bataillon, il fit toutes les guerres de la République, et à l'époque du Consulat se retira à Mont-sous-Vaudrey, où il passa le reste de sa vie, entouré de l'affection des siens et de l'estime de tous ceux qui le connaissaient.

A dix ans, le jeune Grévy quitta un intérieur de famille calme et honoré pour aller commencer ses études au collége de Poligny ; il les continua à Besançon et les termina à Paris.

En 1837, après de consciencieuses études à la faculté de droit, il se fit inscrire au tableau de l'ordre des avocats près la cour royale de Paris. Il débuta brillamment en défendant devant la Cour des Pairs deux des complices de la tentative d'insurrection du 12 mai 1839, deux des compagnons de Barbès : Philippet et Quignot (1).

Affermi de bonne heure dans les idées républicaines, M. Grévy appartint dès lors à la cause de la démocratie ; et quoiqu'il se tînt à l'écart de la politique active et de ses manifestations bruyantes, il commença à prendre rang parmi les défenseurs les plus autorisés des idées libérales. Esprit droit et réfléchi, ennemi de tout éclat, fuyant toute vaine popularité, il fut dès le principe ce qu'il est constamment resté depuis : un sage.

A la révolution de Février, la notoriété que M. Grévy avait déjà acquise au barreau et ses nombreuses relations avec son pays natal le désignèrent au choix du Gouvernement provisoire pour remplir les fonctions de commissaire de la République dans le département du Jura. Il arriva à Lons-le-Saunier le 5 mars 1848. Quelques jours après, il publiait la proclamation suivante :

« Mes chers concitoyens,

« Dans la longue lutte de l'égalité contre le privilége, dans le long enfantement du

(1). Voir dans le *Moniteur* du 9 juillet 1839 le résumé de cette plaidoirie.

gouvernement démocratique, il est échu à notre génération un grand honneur et une grande tâche ; il lui était réservé de porter à la monarchie le dernier coup, et d'élever sur les débris du trône la Constitution de la République.

« Le temps de la démocratie est venu. Ni l'Empire avec son génie et sa gloire, ni la légitimité avec son prestige et son point d'appui sur les trônes voisins, ni la royauté élue avec son machiavélisme et sa démoralisation, n'ont pu l'arrêter dans sa marche. Un demi-siècle lui a suffi pour briser dans ses dernières transformations cette institution vermoulue, et rallier, par cette décisive expérience, les traînards de la République.

« Le sol est déblayé ; il nous reste à réédifier. Ce serait peu d'avoir inauguré la République, si nous ne savions la constituer sur ses fondements nécessaires. Sous ce nom, l'esprit réactionnaire peut relever et replâtrer encore le système écroulé : les beaux noms n'ont jamais manqué aux mauvaises choses. Evitons cet écueil ; ne recommençons pas 1830 ! Prenons garde d'employer à la construction de l'édifice nouveau les ouvriers et les matériaux de l'ancien. Que la future Constitution consacre toutes les libertés ; qu'elle réalise l'égalité politique et sociale ; qu'elle organise le travail, régénère l'agriculture, instruise le peuple, l'appelle au partage des bienfaits de la civilisation, et fasse de tous les hommes des frères ! Citoyens, que vos représentants soient animés de ces sentiments ! Le salut de la République est à ce prix.

« C'est pour travailler avec vous à cette grande œuvre, c'est pour développer de plus en plus l'esprit démocratique, échauffer, diriger votre patriotisme, et prendre, pendant l'interrègne des pouvoirs réguliers, l'administration de ce département, que la confiance du Gouvernement provisoire m'a enlevé momentanément à mes obscurs travaux et envoyé parmi vous.....

« Vous faire connaître ma mission, c'est vous exposer mon programme. J'apporte ici l'esprit de cette magnanime révolution dont je suis l'envoyé. Point de recherche du passé, point de réaction, mais aussi point de faiblesse; respect des personnes, des propriétés, des croyances, des positions justement acquises, mais, en même temps, attribution exclusive de toutes les fonctions politiques aux républicains éprouvés, et de la part de tous les agents de l'administration, concours loyal, énergique.

« Réunissons-nous donc, mes chers concitoyens, dans une pensée, dans une action commune. Que les vieilles divisions s'éteignent, que les mesquines rivalités se taisent; mettons en commun nos patriotiques efforts, et que le département du Jura, en envoyant à l'Assemblée nationale l'élite de ses enfants par le républicanisme, le dévouement, les lumières, prenne une digne part à la grande œuvre qui va s'élever. »

La conduite du nouveau commissaire ne démentit point ces fermes et loyales paroles. Dans l'effervescence du triomphe des républicains de la veille et des républicains du lendemain, il sut rester calme et impassible, fermant l'oreille aux dénonciations et aux sollicitations, ne frappant aucun fonctionnaire en dehors de l'ordre purement politique, évitant de désorganiser tous les services administratifs par ces destitutions en masse dont une réaction aveugle a trop de fois donné l'exemple (1).

« Je ne veux pas que la République fasse peur, » disait-il souvent. Il tint parole, et montra dans l'exercice de ses délicates fonctions, une modération, une prudence et une fermeté dont ses compatriotes n'ont pas encore perdu le souvenir.

Voici, entre autres, une circulaire que, pendant sa courte administration, il adressa aux maires du département:

« J'ai appris avec peine que, sur quelques points du département, des desservants ont été en butte à des violences regrettables, et que des établissements religieux ont été inquiétés et menacés par des rassemblements.

« De pareils actes sont une violation complète de la liberté des cultes. Ils ne sauraient être tolérés. La République accorde une égale protection à tous les citoyens.

« Il importe que vous preniez les mesures nécessaires pour maintenir dans vos communes le respect dû aux curés et desservants, ainsi qu'à tous les établissements et édifices religieux. Toutes plaintes, toutes réclamations les concernant doivent être adressées à l'autorité compétente, à qui seule il appartient d'y faire droit. »

Jaloux, comme on le voit, de réprimer tout désordre, uniquement préoccupé d'assurer le calme et la tranquillité du département confié

(1). Un auteur peu suspect de partialité pour le parti républicain rend pleinement justice à cet égard à M. Jules Grévy. Voir l'*Histoire de la révolution de Février dans le Jura* dans l'*Annuaire du Jura de* 1849 (impr. Gauthier), p. 258, 260-261, 275-277.

à son administration, M. Grévy se concilia l'estime et le respect des populations jurassiennes. S'il fut dénoncé au Gouvernement provisoire, ce fut, paraît-il, comme coupable de tiédeur républicaine. Accueillant cette absurde dénonciation, Ledru-Rollin envoya un second commissaire dans le Jura, M. Commissaire, dont l'exaltation et les passions fougueuses durent cependant céder devant l'impartialité et la froide raison de M. Grévy (1).

Au mois d'avril, les comices électoraux étaient convoqués pour la nomination de l'Assemblée constituante. Les deux commissaires du Gouvernement adressèrent à cette occasion, à leurs administrés, la proclamation suivante, où l'on retrouve le langage élevé et patriotique de notre concitoyen :

« Electeurs,

« Le jour approche où vous allez accomplir le grand acte de la souveraineté auquel vous vous préparez depuis deux mois.

« Tout ce qui vous a été dit, tout ce qui pourra vous être dit encore sur le choix de vos représentants se résume en ceci : Prenez les républicains les plus éprouvés, les plus dévoués, les plus éclairés ; — les plus éprouvés, car comment la République pourrait-elle compter sur ces convictions changeantes que font et défont les événements ? elles ne peuvent compter sur elles-mêmes ; — les plus dévoués, car, au milieu des épreuves qui nous attendent, la République ne peut être fondée que par des hommes décidés à lui sacrifier leurs intérêts, leur repos, leur vie ; —

(1) *Histoire de la révolution de Février dans le Jura*, dans l'*Annuaire du Jura* de 1849, p. 277-278.

les plus éclairés, car les questions qui se dressent devant nous sont les plus ardues, les plus grandes que puissent agiter des hommes assemblés.

« Arrière donc toute autre préoccupation dans le choix de vos mandataires ! Arrière toute mesquine considération de personne ou de localité ! Ne votez pas pour un arrondissement, votez pour la France. Prenez les plus dignes, partout où vous les trouverez. Montrez que vous êtes à la hauteur du droit que vous exercez.

« Ce premier de vos droits est en même temps le premier de vos devoirs. Il s'agit de l'avenir de la France ; les élections vont en décider. Quel est le citoyen digne de ce titre qui voudra manquer à l'appel ! L'indifférence serait un crime envers la patrie.

« Electeurs du Jura, conservons à notre département son vieux renom de patriotisme ; envoyons à l'Assemblée une représentation digne de lui.

Lons-le-Saunier, le 17 avril 1848.

Les Commissaires du Gouvernement,

JULES GRÉVY, ANT. COMMISSAIRE.

Cette proclamation dispensait M. Grévy d'une profession de foi aux électeurs jurassiens ; les actes de son administration lui en tenaient également lieu. Néanmoins, il signa la déclaration collective suivante :

« Les candidats à la députation inscrits ci-après, selon l'ordre alphabétique, veulent :

« Une République *forte et libérale*, qui se fasse aimer par sa sagesse et sa modération ; une République d'ordre, qui attire et *fusionne* tous les partis, mais qui ne se laisse dominer par aucun ;

« L'égalité des citoyens devant le pouvoir aussi bien que devant la loi ;

« L'inviolabilité absolue de la propriété ;

« La moralité dans le pouvoir.

« Ils ne veulent point de réaction contre les personnes, et ils protestent contre la violence et le désordre. »

BACHELU, général de division; BOICHOZ, de Gendrey ; CALMELS, avocat à Paris ; CORDIER, ancien député ; GRÉVY, commissaire du Gouvernement pour le département du Jura.

Au scrutin des 23-24 avril, 65,150 voix, la presque universalité des suffrages, envoyèrent M. Grévy à l'Assemblée, le premier sur les huit représentants élus dans le Jura.

La *Sentinelle du Jura*, qui professait alors peu de tendresse pour le régime républicain, apprécia ainsi cette élection :

« En tête de la liste de nos représentants, marche, escorté de 65,150 suffrages, notre compatriote M. Jules Grévy, commissaire du Gouvernement provisoire. Le Jura devait cette preuve de reconnaissance et d'estime à l'honorable citoyen qui, revêtu de pouvoirs illimités, n'en a fait usage que pour maintenir parmi nous la liberté, l'ordre et la paix. On nous dit, et la chose ne nous paraît pas impossible, quoique nous ne la donnions point pour certaine, que deux fois il a été dénoncé comme coupable de modérantisme ; malgré cela, il n'a changé ni de manière de voir ni de façon d'agir. Venu chez nous avec quelques préventions peut-être, assailli dès le soir même de son arrivée par un petit nombre d'hommes aux convictions fortes et loyales, nous n'en doutons nullement, mais qui entendaient tirer d'un principe des conséquences qu'il ne contient pas, il n'a pas tardé à reconnaître, à apprécier l'excellent esprit qui régnait dans notre département, et à fermer l'oreille aux suggestions des exagérés qui croyaient trouver en lui un apôtre de leurs doctrines et un propagateur de leurs idées. Il a sagement laissé les partis se débattre entre eux, en veillant toutefois à ce que leurs démêlés ne causassent aucun trouble dans les localités confiées à son administration temporaire, et il est résulté de cette conduite, pleine d'autant de patriotisme que de prudence, que la tranquillité n'a pas été troublée un seul instant chez nous, et que nos élections sont réellement l'expression de nos sympathies et de notre volonté. »

M. Grévy s'assit à l'Assemblée aux rangs de la gauche républicaine. Il ne tarda pas à s'y faire remarquer par ses connaissances solides, son esprit net et pratique, et son inflexibilité de principes. Il ne fut pas longtemps non plus sans compter parmi les orateurs les plus marquants du parti.

Dans la séance du 21 juin (1848), il prend la parole dans la discussion du projet de décret relatif à l'impôt sur les boissons, pour demander l'allégement de cet impôt onéreux; le 8 août, il signe avec Pascal Duprat, Berryer, etc., un amendement au projet de décret sur le cautionnement des journaux, présenté par le gouvernement; le 25 du même mois, il monte à la tribune à l'occasion de la demande en autorisation de poursuites judiciaires contre les représentants Louis Blanc et Caussidière.

Quelques jours après, le 1er septembre, l'Assemblée discutait le rétablissement de la contrainte par corps. Dans un discours éloquent, le député du Jura formula une protestation énergique contre ce vestige barbare de la législation d'un autre âge.

Voici la fin et en quelque sorte le résumé de ce remarquable discours :

« Messieurs, j'ai examiné la contrainte par corps dans son principe ; j'ai trouvé qu'elle est incompatible avec les principes de notre droit public ; qu'elle outrage les lois de la morale et de l'humanité ; je l'ai examinée dans ses effets, j'ai trouvé qu'elle était inutile au commerce, qu'elle ne sert qu'à faciliter l'usure, les trafics honteux, la fraude, le dérèglement ; qu'elle est funeste au débiteur, à sa famille, à la société ; j'ai montré, enfin, que la législation spéciale qu'on veut nous rendre est un ramassis informe de dispositions vicieuses.

« La contrainte par corps est un vieux débris des législations barbares ; c'est le dernier vestige du droit de propriété de l'homme sur l'homme ; il appartenait à la révolution de Février de le faire disparaître ; il ne convient pas à l'Assemblée nationale de le restaurer. »

La majorité parlementaire resta sourde à ces généreuses paroles et vota le rétablissement de la contrainte par corps, qu'une des dernières législatures de l'Empire, plus libérales en cela que la Chambre de 1848, a définitivement rayée de nos lois.

Après l'enthousiasme et la confiance de la première heure, après les crises de la guerre civile, l'Assemblée se préparait à accomplir son œuvre et à discuter la Constitution nouvelle de la France. Affolée par les journées de Juin, elle crut ne pouvoir délibérer en paix que sous la protection de l'état de siége. M. Grévy sut se placer au-dessus de ces terreurs chimériques et protesta par son vote contre la prétendue nécessité de rédiger la Constitution à l'ombre d'un sabre.

Le député jurassien voulait pour la République des institutions républicaines. Ennemi des mesures d'exception et des lois de circonstance, il demandait qu'on assurât l'existence de la République, qu'on la sauvegardât contre toute atteinte et toute surprise.

Soit aveuglement, soit esprit de réaction, l'Assemblée ne tarda pas à ouvrir la porte aux ambitions dynastiques et aux coups d'Etat. En déterminant l'organisation du pouvoir exécutif dans le régime pondéré des trois pouvoirs inauguré en France par la Charte de 1814 et celle de 1830, elle jugea indispensable d'emprunter à la Constitution américaine, comme l'un des rouages nécessaires de toute République, la haute magistrature d'un président renouvelable tous les quatre ans et élu directement par le peuple Dans un pays rattaché par toutes ses traditions au gouvernement personnel, cette présidence devenait une monarchie déguisée, une dictature toute puissante à même, dans un moment donné, de détruire la souveraineté de l'Assemblée et la souveraineté du peuple.

M. Grévy fut l'un de ceux qui découvrirent ce danger avec le plus de perspicacité et le signalèrent avec le plus de vigueur. Dans un amendement justement célèbre, il indiqua le vrai remède de la situation. Voici le texte de cet amendement :

« L'Assemblée nationale délègue le pouvoir exécutif à un citoyen qui reçoit le titre de président du conseil des ministres.

« Le président du conseil des ministres est nommé par l'Assemblée nationale au scrutin secret et à la majorité des suffrages.

« Le président du conseil des ministres est élu pour un temps illimité ; il est toujours révocable. »

Dans la séance du 6 octobre, M. Grévy développa son amendement dans un discours d'une haute portée politique et d'une netteté clairvoyante.

Après avoir établi que, issue de la souveraineté populaire, l'Assemblée avait le droit de promulguer une Constitution et de déléguer lepouvoir exécutif, l'orateur, abordant le fond même de la question, combattit en ces termes le projet de présidence tel qu'il était proposé :

« Dans la discussion brillante qui s'est élevée sur l'article 20 du projet de Constitution, on a dit plusieurs fois, et, dans la discussion d'hier, M. de Tocqueville a répété que le pouvoir institué dans le projet de Constitution sous le nom de *Président de la République* n'a rien de redoutable ; que ce pouvoir se réduit à peu.

« Je vais vous en faire juges.

« Je conviens, avec l'honorable M. de Tocqueville, que le président n'a pas, dans la confection des lois, la part plus nominale qu'effective qui appartenait à la royauté ; je conviens encore avec lui que pour les affaires étrangères, sa prérogative est un peu moins étendue ; mais, à cela près, et à l'intérieur, ce qui est tout pour la question que j'examine, le président de la République a tous les pouvoirs de la royauté : il dispose de la force armée ; il nomme aux emplois civils et militaires ; il dispense toutes les faveurs ; il a tous les moyens, toutes les forces actives qu'avait le dernier roi. Mais ce que n'avait pas le roi, et ce qui mettra le président de la République dans une situation bien autrement formidable, c'est qu'il sera l'élu du suffrage universel ; c'est qu'il aura la force immense que donnent des millions de voix. Il aura de plus, dans l'Assemblée, un parti plus ou moins considérable. Il aura donc toute la force matérielle dont disposait l'ancien roi, et il aura de plus une force morale prodigieuse ; en somme, il sera bien plus puissant que ne l'était Louis-Philippe.

« Oubliez-vous que ce sont les élections de l'an X qui ont donné à Bonaparte la force de relever le trône et de s'y asseoir ? Voilà le pouvoir que vous élevez !

« Et vous dites que vous voulez fonder une république démocratique ? Que feriez-vous de plus si vous vouliez, sous un nom différent, restaurer la monarchie ? Un semblable pouvoir conféré à un seul, quelque nom qu'on lui donne, roi ou président, est un pouvoir monarchique ; et celui que vous élevez est plus considérable que celui qui a été renversé.

« Il est vrai que ce pouvoir, au lieu d'être héréditaire, sera temporaire et électif, mais il n'en sera que plus dangereux pour la liberté.

« Etes-vous bien sûrs que, dans cette série de personnages qui se succéderont tous les quatre ans au trône de la présidence, il n'y aura que de purs républicains empressés d'en descendre ? Etes-vous sûrs qu'il ne se trouvera jamais un ambitieux tenté de s'y perpétuer ? Et si cet ambitieux est un homme qui a su se rendre populaire, si c'est un général victorieux, entouré de ce prestige de la gloire militaire, auquel les Français ne savent pas résister ; si c'est le rejeton d'une des familles qui ont régné sur la France, et s'il n'a jamais renoncé expressément à ce qu'il appelle ses droits ; si le commerce languit, si le peuple souffre, s'il est dans un de ces moments de crise où la misère et la déception le livrent à ceux qui cachent sous des promesses des projets contre sa liberté, répondez-vous que cet ambitieux ne parviendra pas à renverser la République ?

« Jusqu'ici toutes les républiques sont allées se perdre dans le despotisme ; c'est de ce côté qu'est le danger, c'est donc contre le despotisme qu'il faut les fortifier. Législateurs de la démocratie, qu'avez-vous fait pour cela? Quelles précautions avez-vous prises contre l'ennemi capital ? Aucune. Que dis-je ? vous lui préparez les voies. Vous élevez dans la République une forteresse pour le recevoir.

« Voilà mon premier grief contre le système de la commission. Je lui reproche de créer dans une république démocratique un véritable pouvoir monarchique, pouvoir plus considérable que celui du dernier roi, plus dangereux par la limitation même de sa durée, pouvoir qui sera pour le despotisme une tentation et un marchepied, et qui sera, dans la République, un germe de destruction. »

Envisageant toujours les côtés élevés de la question, M. Grévy dégagea nettement les véritables principes de la démocratie du prétendu système de pondération et d'équilibre des trois pouvoirs :

« Plus j'examine attentivement le jeu des institutions constitutionnelles et les faits historiques qui l'éclairent, plus je demeure convaincu que, lorsque les publicistes du dix-huitième siècle, et après eux, l'école moderne qui a professé et appliqué leurs principes, ont considéré le gouvernement des trois pouvoirs comme un gouvernement de pondération et d'équilibre, et, par conséquent, comme une forme de gouvernement définitive, et dernière, ils ont commis la plus grande erreur politique de ces temps-ci.

« Ils ont trouvé en Angleterre une nation à l'état de transformation politique, n'étant plus sous la monarchie absolue et n'étant pas encore en république ; ils ont trouvé là une royauté, une aristocratie et une démocratie en présence, se partageant la souveraineté, et, par une suite nécessaire, le gouvernement. Leur erreur a été de croire que ces trois éléments formaient équilibre, et qu'il résultait de leur pondération une forme de gouvernement stable et pouvant être définitive. Leur vue, concentrée sur le présent, ne s'est portée ni sur le passé, ni sur l'avenir ; ils n'ont pas vu que l'élément populaire ne s'était rétabli qu'en remplaçant les deux autres, que le terrain qu'il avait gagné avait été perdu par la royauté et l'aristocratie, qu'il poussait lentement mais incessamment sa conquête, et qu'il en résultait une lutte sourde dont l'inévitable issue est le triomphe de l'élément démocratique sur les deux autres.

« Aujourd'hui, messieurs, que le temps a

marché nous pouvons mesurer du regard le progrès accompli, nous pouvons voir le terrain perdu d'un côté et gagné de l'autre ; nous pouvons marquer les progrès de la lutte en Angleterre, nous pourrions peut-être en prévoir le terme.

« En France, où le même essai a été tenté, la lutte a été plus courte et plus terrible... parce qu'en France, cette lutte a été un duel entre le peuple et la royauté sur le cadavre de l'aristocratie.

« En France, l'aristocratie n'a pas survécu à 89, et tous les efforts tentés depuis pour la galvaniser et en constituer une deuxième Chambre ont été impuissants. Voilà pourquoi cette deuxième Chambre, privée de vie, n'a jamais pu jouer qu'un rôle de comparse dans la lutte du peuple contre la royauté. Voilà pourquoi cette lutte a été un duel à mort, une lutte terrible, une lutte plus courte...

« Remontez aux causes de toutes les révolutions qui se sont accomplies en France depuis soixante ans, vous trouverez toujours que ces révolutions sont parties des conflits des pouvoirs indépendants entre eux et que ces conflits ont été la conséquence forcée de cette indépendance.

« Eh quoi ! vous assistez depuis trente ans à cette lutte de tous les jours, de tous les instants du peuple contre la royauté, vous y avez joué votre rôle, un grand et honorable rôle, vous avez pris part à toutes ces luttes, vous avez assisté à toutes ces révolutions, et vous nous parlez encore de pondération et d'équilibre !

« Pouvoirs indépendants, conflits ; conflits de pouvoirs, révolutions : voilà ce que les événements écrivent depuis soixante ans à chaque page de notre histoire... »

L'orateur repousse ensuite l'amendement qui consistait à faire nommer le président de la République par l'Assemblée pour un temps donné, parce que ce système, « en aliénant pour un temps déterminé le pouvoir exécutif, crée dans l'Etat deux pouvoirs indépendants, organise les conflits, et, par suite, la déconsidération, l'affaiblissement, et finalement les révolutions. »

« Pourquoi d'ailleurs, ajoute-t-il, s'enchaîner pour un temps quelconque à un homme ? Pourquoi se mettre dans l'impossibilité de l'arrêter à temps, si c'est un ambitieux qui se démasque ou un incapable qui s'égare?

« Pourquoi, au contraire, si le président de la République justifie la confiance du pays, si sa politique est bonne, pourquoi le briser au bout de trois ans pour inaugurer avec un personnage nouveau, une politique différente ?

« Les inconvénients fourmillent. Quelle situation faites-vous, à chaque changement de ministère, au président que vous clouez pour trois ou quatre ans sur son fauteuil?

« Je comprenais, à la rigueur, ce rôle difficile, dangereux, qu'on faisait jouer à la royauté : elle était irresponsable. Mais comment ? Vous avez un chef du gouvernement que vous déclarez responsable, un chef du gouvernement qui n'est plus l'être passif de la fiction constitutionnelle, un chef du gouvernement qui doit avoir une politique à lui, politique à laquelle son ministère doit s'associer, politique dont il est le principal instrument ; et lorsque cette politique aura perdu dans l'Assemblée la majorité, lorsque le ministère qui la soutient aura été renversé, le chef du Gouvernement restera à son poste, il se fera l'instrument d'une politique différente ! Et voilà comment vous entendez la considération, la dignité, la force que vous voulez lui donner !

« Je parle de la force du gouvernement. Tout le monde sent le besoin d'un gouvernement fort ; tout le monde le cherche, et c'est au nom de ce besoin que la commission, dans son travail, préconise son système. Ni la commission, ni aucun des amendements ne vous donneront un gouvernement fort ; ils vous le promettront tous, aucun d'eux ne vous le donnera.

« Un gouvernement fort, vous ne l'aurez qu'à une condition, à la condition qu'il s'appuiera constamment sur l'Assemblée, qu'il sera constamment d'accord avec l'Assemblée, qu'il réunira à sa propre force la force de l'Assemblée, et qu'il agira ainsi avec toutes les forces réunies du pays. Juin et les jours qui l'ont suivi l'ont assez montré. Quel est le gouvernement qui aurait pu faire ce que le gouvernement actuel a accompli?... Quel est le gouvernement qui eût pu changer le cours de la justice ordinaire, suspendre les journaux, maintenir l'état de siége pendant trois mois, l'état de siége que le gouvernement de Louis-Philippe n'a pas pu maintenir pendant trois jours ?

« Un gouvernement constitué comme celui que vous avez, c'est un gouvernement dont la force est irrésistible, parce que, je le répète, il résume dans son action toutes les forces du pays Il a un avantage immense, c'est que ses forces, il ne peut qu'en bien user ; tout-puissant quand il agit avec l'Assemblée, il est nul et impuissant quand il agit sans elle. Avec elle, il peut tout; sans elle et contre elle il ne peut rien... »

Après avoir demandé que le pouvoir résidât dans l'Assemblée, parce que « dans une démocratie, il ne peut, il ne doit pas être ailleurs,» M. Grévy termina son discours en ces termes :

« La forme de gouvernement que vous éprouvez depuis trois mois, et avec laquelle vous avez traversé de si grandes difficultés, est la seule qui satisfasse aux exigences des principes et aux nécessités des circonstances, la seule qui vous donnera un gouvernement fort, la seule qui affermira la République, la seule qui épargnera à la France de nouveaux déchirements. Vous avez été assez heureux pour la trouver, soyez assez sages pour vous y tenir. »

L'adoption de l'*amendement Grévy* nous eût épargné, avec l'Empire, bien des désastres et bien des hontes. L'Assemblée préféra suivre la voix de politique inconsciente et aveugle où l'avaient fatalement engagée l'imprévoyance et la peur ; elle repoussa la motion de notre compatriote par 643 voix contre 158.

Ce vote valut à la France le coup d'Etat et dix-huit ans d'Empire couronnés par l'invasion.

Pour avoir été rejeté, l'*amendement Grévy* n'en reste pas moins le plus beau titre parlementaire du député jurassien. L'expérience et les prévisions politiques d'un homme d'Etat n'allèrent jamais plus loin. Jamais non plus, dans aucune Assemblée française, la souveraineté du peuple ne fut affirmée avec plus de vigueur et plus de logique ; jamais on ne fit mieux justice de l'impuissance du prétendu parlementarisme constitutionnel ; jamais césarisme ne reçut, d'avance, une plus vive flétrissure.

Lors de la discussion du projet de décret sur la nomination du président de la République (28 octobre), M. Grévy prit la parole pour définir les pouvoirs respectifs de l'Assemblée et du président. L'Assemblée, dit-il, est constituante ; elle ne doit pas se réduire purement et simplement au rôle d'une Assemblée législative ; elle doit faire les lois organiques.

« Quels sont les événements qui nous attendent, poursuit l'orateur ? Quelles sont les épreuves que la République a encore à traverser ? Qui le sait ? Et vous voudriez, dans les circonstances où nous sommes, aliéner des pouvoirs auxquels le salut de la République est attaché ! Je le répète, la prudence vous le défendrait, quand vous en auriez le droit...

« ...L'Assemblée n'aliénera par l'élection du président que le pouvoir exécutif ordinaire, le pouvoir exécutif tel qu'il existe dans les lois ; l'Assemblée conservera tout le reste, c'est-à-dire le pouvoir constituant et les pouvoirs extraordinaires illimités qui résultent de la souveraineté dont le peuple lui a remis le plein exercice. »

Lorsqu'on forma la commission faisant fonction provisoire de conseil d'Etat, la position que M. Grévy s'était faite à la Chambre le désigna aux suffrages de ses collègues ; il fut élu l'un des 30 membres de cette commission (9 décembre 1848).

Dans la séance du 13 décembre, il déposa le rapport qu'il avait fait au nom de la commission chargée d'examiner le projet de loi relatif à l'application de l'impôt de mutations aux biens de main-morte. Il défendit à la tribune ce projet de loi qui concluait affirmativement, en vertu de la règle générale en matière d'impôt : l'égalité (séance du 16 janvier 1849).

Le rejet de l'amendement Grévy et l'élection du 10 décembre avaient virtuellement restauré l'Empire. Cette éventualité prenait consistance ; l'ordre de choses inauguré au 24 février 1848 redevenait lettre morte. Au sein même de la Constituante, un parti nombreux prétendait contraindre la Chambre à se dissoudre avant d'avoir achevé sa mission constituante, et à abdiquer, en quelque sorte, devant le président.

Un député de la Charente, M. Rateau, s'était fait, par une proposition célèbre, l'interprête du parti dissolutioniste, en demandant la convocation, à bref délai, d'une Assemblée législative.

Le 9 janvier 1849, M. Grévy présenta, au nom du comité de la justice, un rapport sur cette proposition, et la combattit avec une énergique éloquence.

L'Assemblée, dit-il, ne peut ni ne doit se retirer avant d'avoir accompli son mandat.

« Ce mandat, quel est-il ?

« De constituer la République, c'est-à-dire de lui donner les institutions fondamentales, en d'autres termes, sa Constitution et ses lois organiques, qui en sont le complément nécessaire, la partie la plus essentielle. Qu'est-ce, en effet, que la Constitution sans les lois organiques? Un recueil de principes abstraits, élastiques, dont on peut faire sortir les institutions les plus diverses, et qui ne peuvent être organisés dans leur esprit que par l'Assemblée dont ils émanent.

« Une Assemblée constituante qui se retirerait après avoir écrit dans une Constitution quelques principes décharnés, et qui laisserait à une autre Assemblée l'organisation des institutions fondamentales, n'aurait de constituant que le nom ; celle qui la remplacerait en exercerait plus réellement qu'elle les pouvoirs et la mission...

« Le mandat de l'Assemblée constituante est déterminée par la nature des choses, par les précédents, par vos décrets, par la Constitution ; ce mandat comprend les lois organiques.

« L'Assemblée, avant d'avoir fait ces lois, ne peut donc se dissoudre sans déserter son mandat et sans violer la Constitution.

« Ce serait le premier exemple d'une grande Assemblée qui, appelée à l'insigne honneur de donner à un peuple affranchi des institutions républicaines, se troublant aux clameurs des vieux ennemis de la liberté, abandonnerait son œuvre inachevée, et violerait elle-même la Constitution sortie de ses mains! »

L'orateur s'attache ensuite à réfuter victorieusement les motifs invoqués en faveur de la dissolution. Un parti nombreux à la Chambre prétendait que l'Assemblée et le président de la République ne pouvaient exister simultanément ; qu'il y avait incompatibilité entre les deux pouvoirs ; que l'élection du 10 décembre avait été faite dans un sentiment hostile à l'Assemblée ; et enfin que l'intérêt du pays exigeait la dissolution.

M Grévy fit justice de ces arguties ; au nom du comité de la justice, d'accord avec le comité de législation, il proposa de ne point prendre en considération la proposition de M. Rateau (séances des 9 et 25 janvier 1849).

La Chambre lui donna raison.

L'éloquence et la perspicacité politique dont le député du Jura venait de donner une nouvelle preuve en combattant la proposition Rateau, lui valurent d'être élu, le 5 mars, vice-président de l'Assemblée. Un mois après, le 4 avril ses collègues l'investirent une seconde fois de ce poste de confiance.

L'auteur de l'*Histoire de la Révolution de 1848*, Daniel Stern, a esquissé de lui ce portrait :

« C'était un esprit ferme et tempéré, à qui l'amour du bien et l'habitude des choses honnêtes traçaient toujours, sans qu'il eût besoin d'efforts, la ligne de conduite la plus droite. Sa parole était grave, lucide ; il possédait cette logique invincible de la sincérité qui gagne tous les bons esprits. L'un des nouveaux venus dans l'Assemblée, il s'y était promptement acquis, sans intrigues et même sans ambition, une considération particulière. Républicain par réflexion plutôt que par entraînement, il ne concevait le progrès que par la liberté. Se tenant à cette notion très-simple, mais bien rare, dans les querelles de parti, il parut constamment, au sein de l'Assemblée, comme une expression modeste de sa meilleure conscience, un exemple parfait de l'esprit parlementaire appliqué dans toute sa sincérité à l'affermissent et à l'extension des institutions démocratiques. »

En blâmant l'expédition romaine, cette déplorable intervention plus maladroite et plus impolitique que généreuse, M. Grévy accentua son infatigable opposition au président de la République, au dictateur militaire qui méditait déjà et préparait de longue main son sinistre attentat. Il devait bientôt trouver une nouvelle occasion de dénoncer l'ennemi.

Un arrêté du prince président, en date du 20 décembre 1848, avait concentré entre les mains du général Changarnier le double commandement en chef de la garde nationale et de l'armée de Paris. Cette violation flagrante de la loi du 22 mars 1831 sur l'organisation de la garde nationale était grosse de dangers pour l'avenir. Au nom de la commission chargée d'examiner le projet de loi qui tendait à autoriser une semblable mesure, notre honorable compatriote signala une fois encore le péril à l'aveugle majorité de la Chambre :

« Confier à un seul homme toutes les forces militaires qui occupent et entourent la capitale, avec le droit d'en disposer arbitrairement pendant vingt-quatre heures, c'est livrer en ses mains le sort du Gouvernement. Cette délégation poussée jusqu'à l'abandon de la direction suprême, cette abdication entre les mains d'un chef militaire, cette dictature élevée à côté ou plutôt au-dessus du Gouvernement. est un acte d'insigne faiblesse ou de haute imprudence. C'est un danger permanent pour nos institutions, un coup d'Etat sans cesse suspendu sur les libertés publiques. »

Après avoir énergiquement repoussé cette dérogation à la loi, que l'on osait qualifier de « indispensable au maintien de l'ordre, » le rapporteur conclut au rejet de la proposition (séance du 10 mai).

Le 19 mai, lors de la discussion de ce projet de loi, M. Grévy reprocha au Gouvernement sa terreur et sa défiance devant l'attitude calme du pays, et poursuivit en ces termes :

« L'émeute ne gronde plus dans la rue ; ce n'est plus de ce côté qu'est le danger. Le jour des émeutes est passé ; il est évident que les dangers que court la République ne sont plus là... L'Assemblée, la République ont traversé le temps des émeutes ; ce sont les coups d'Etat qui sont aujourd'hui à craindre.

« Voyez si les partis qui rêvent le retour de l'ancien ordre de choses ont désarmé. Ils sont aujourd'hui l'arme au bras, dans l'expectative de la réalisation de leurs projets. C'est par les coups d'Etat militaires que les Républiques périssent. Il ne faut pas donner à un homme une situation telle qu'on puisse, à son insu même, abuser du pouvoir exorbitant qu'il a dans les mains.

« Je le répète, le danger n'est plus dans les émeutes ; le danger est dans les coups d'Etat. »

L'avenir ne devait que trop bien réaliser cette prédiction.

L'Assemblée constituante avait résigné son

mandat. Le 13 mai 1849 eurent lieu les élections pour la Législative. Dans le Jura, 48,740 voix envoyèrent M. Grévy siéger à la nouvelle Chambre, à la tête des sept députés nommés par ce département.

Durant le cours de cette nouvelle législature, nous retrouvons notre honorable compatriote constamment sur la brêche, signalant les abus, défendant les libertés, éclairant les débats de son talent de jurisconsulte, de son sens politique et de son incisive éloquence.

Le 18 juin, dans un incident soulevé à l'Assemblée à propos des dévastations commises par des gardes nationaux dans les bureaux de la *Démocratie pacifique*, lors de l'arrestation des rédacteurs de ce journal, il protesta contre la suspension de plusieurs journaux, et, en dépit de l'état de siége, défendit courageusement la liberté de la presse.

« Je vous dénonce, s'écria-t-il, je dénonce au pays cet abus de pouvoir ; c'est de l'arbitraire, c'est de la force ; ce n'est pas de la légalité, c'est de la violence.

« Si quelque chose m'étonne, c'est la soumission aveugle et presque générale avec laquelle je vois cette Assemblée se prosterner devant de pareils actes de violence et de force. »

La vérification des pouvoirs des députés de la Loire (21 juin), et la discussion relative à la demande en autorisation de poursuites contre sept représentants, MM. Ronjat, Baune, Bayer, etc. (4 juillet), furent pour M. Grévy l'occasion de deux remarquables discours juridiques où l'expérience de l'homme d'Etat et la science du légiste donnèrent une nouvelle autorité à la parole nette et convaincante de l'orateur.

La discussion de la loi sur la presse le fit de nouveau monter à la tribune. Dans un long et brillant discours, il combattit avec énergie le projet de loi répressive présenté par le Gouvernement, et revendiqua bien haut pour l'écrivain la liberté d'émettre ses idées, sans entrave et sans la perpétuelle menace d'un bâillon. Abordant ensuite la question politique, il fit entendre à la Chambre un langage sévère, aujourd'hui encore d'une opportune actualité :

« Il est un point sur lequel tous les orateurs que vous avez entendus dans cette discussion sont tombés d'accord ; tous vous ont dit : « La société est travaillée d'un mal profond, » et chacun d'eux, à son point de vue, s'est efforcé d'en rechercher les causes et d'en signaler le remède....

« Ce mal se révèle à mes yeux sous ces deux symptômes : 1° désir impatient, exigence impérieuse de réformes, d'améliorations, de bien-être ; 2° scepticisme politique, anarchie intellectuelle, qui livre le peuple souffrant et désespérant aux doctrines les plus extravagantes et les plus dangereuses.

« Voilà le mal. Quelles en sont les causes ?...

« Pendant les dix-huit ans qu'a duré la dernière monarchie, qu'avons-nous vu ? Un gouvernement consumant dans sa lutte incessante contre les tendances populaires les forces qu'il aurait dû consacrer, comme le disait M. de Broglie, à la grandeur et à la prospérité du pays ; des hommes politiques, divisés par de mesquines rivalités, tournant toutes les questions intérieures et extérieures en questions de cabinet, et rapetissant la politique de la France à des intrigues de portefeuille ; au milieu de ces intrigues, le peuple oublié, excepté dans les programmes où on lui faisait toujours de pompeuses promesses, auxquelles il croyait et qu'il ne voyait jamais s'accomplir.

« Et l'on s'étonne qu'après dix-huit ans, après trente ans, devrais-je dire, car ce que je dis de la monarchie de Juillet s'applique également à la Restauration ; on s'étonne, dis-je, qu'après trente ans d'attente et de déceptions, les esprits se soient aigris, les souffrances se soient accrues, les exigences soient devenues impérieuses et menaçantes ! Vous cherchez la cause de cette soif d'améliorations qui dévore le peuple ? La voilà, c'est qu'il en a été sevré pendant trente ans, et qu'il était à bout de patience, lorsque la monarchie l'a légué à la République.

« Ne cherchez pas non plus ailleurs la cause de cette démoralisation politique qui est le second caractère du mal dont la société est atteinte.

« Depuis trente ans, toujours le même spectacle : les hommes politiques changeant de langage et de conduite en changeant de position ; répudiant en entrant au pouvoir leurs doctrines, leurs principes, leurs promesses ; se faisant jeter chaque jour à la face leurs discours d'autrefois. Et vous demandez pourquoi l'esprit public s'éteint, pourquoi le peuple n'a foi ni dans les hommes ni dans les principes, pourquoi le scepticisme et le découragement le gagnent? Quelle vertu civique résisterait à ce spectacle démoralisant?

« Oui, dans ma conviction profonde, c'est au gouvernement monarchique, c'est à ce gouvernement égoïste, sans entrailles pour le peuple... c'est à ce gouvernement d'intrigues parlementaires, à ce gouvernement sans principes, que remontent l'origine et la cause du mal qui travaille la société.

« Et vous, ministres de la République, qui vous êtes chargés de le guérir, quel remède apportez-vous ? A ce besoin d'améliorations sociales, quelles satisfactions avez-vous données depuis sept mois ? Aucune.

« Quelle satisfaction donnerez-vous à l'avenir ? Aucune.

« Aux progrès effrayants de la décomposition qui ravage le corps social, qu'opposez-vous ? La continuation du spectacle et des causes où elle a pris sa source.

« Toujours le même mépris de la loi, du droit, des principes ; toujours l'exemple des mêmes palinodies. C'est le gouvernement déchu qui a amené graduellement la France à l'état où nous la voyons, et c'est à ces errements que vous vous attachez !

« Vous ne comprenez pas qu'au point où est arrivée aujourd'hui la France, il est impossible de la gouverner autrement que par la liberté. Vous avez entrepris la tâche criminelle et insensée de la ramener trente ans en arrière, comme si elle pouvait reculer pour longtemps .. Vous lui appliquez encore une fois ce système de compression qu'elle a brisé si souvent !

« Vous recommencez la tâche de vos devanciers ; vous vous mettez à votre tour à rouler le rocher jusqu'à ce qu'il retombe et vous écrase ! »

Après avoir flétri les votes réactionnaires de l'Assemblée, l'assaut engagé contre toutes les libertés publiques par le parti de la dictature napoléonienne, l'illibérale politique intérieure et extérieure du Gouvernement, M. Grévy termina en lançant à la majorité cette foudroyante apostrophe :

« Si vous aviez entrepris de décrier le gouvernement républicain aux yeux du monde et de le faire prendre en dégoût par la France, que feriez-vous de plus ? » (Séance du 23 juillet 1849.)

Dans la suite de la discussion de la loi sur la presse, le 27 juillet, il soutint l'amendement Pascal Duprat demandant la suppression du cautionnement. Partisan de la liberté absolue de la presse, corrigée par la responsabilité personnelle de l'écrivain et par une répression sévère, quand la répression est nécessaire, le député du Jura résuma ainsi ses griefs contre le monopole de l'expression écrite de la pensée à l'usage de la richesse, le cautionnement :

« Je lui reproche d'être un cens pécuniaire imposé à l'écrivain ; je lui reproche d'être une mesure préventive et une loi d'exception ; je reproche à l'organisation dont le cautionnement est la base d'aboutir fatalement à un système de répression injuste, immoral et inefficace ; je reproche à cette organisation de faire dégénérer la presse, institution essentiellement politique, en une spéculation industrielle ; je lui reproche de concentrer dans un petit nombre de journaux les forces de la presse, et de laisser ces journaux s'élever dans l'Etat comme des puissances, au grand danger de la République et de la société »

A propos du projet de loi organique sur l'état de siége, présenté par le Gouvernement, M. Grévy prononça un discours des plus importants au double point de vue politique et juridique.

En voici la fin :

« Vous voulez établir une chose qui n'a jamais existé en France, une dictature militaire, au mépris de la Constitution qui ne vous laisse pas ce droit.

« Laissez de côté les mots trompeurs .. votre projet n'est pas une loi d'état de siége, c'est une dictature qui, dans une république, au gré d'un chef militaire ou d'une majorité violente, livre aux conseils de guerre les citoyens, et confisque une à une toutes les garanties, toutes les libertés publiques.... Toutes les garanties, toutes les libertés, tous les droits pour lesquels nos pères ont combattu depuis soixante ans, le projet de loi les met à la merci du premier militaire ..

« L'Assemblée ne peut voter votre loi sans se mettre au-dessus de la Constitution. Cette observation est capitale; c'est la principale raison pour laquelle je m'éleverai constamment contre de pareilles lois

« Vous vous mettez au-dessus de la Constitution ; la Constitution est faite pour garantir aux citoyens les libertés, les droits qui sont désormais leur patrimoine. A quoi bon une Constitution, si tel n'en est pas le but et si tel n'en doit pas être l'effet ?..

« Votre loi est une dictature militaire établie au mépris de la Constitution et de toutes les garanties qu'elle consacre. Cette dictature est la suspension de la Constitution, et vous n'avez pas plus le droit de la suspendre que de la changer.

« Voilà les raisons pour lesquelles je repousse de toutes mes forces le projet de loi (séance du 9 août 1849) »

A la suite de ces discours, qui donnèrent une nouvelle notoriété à notre honorable représentant, le projet d'impôt sur les boissons l'amena encore à prendre la parole pour combattre cette taxe vexatoire, si lourde pour les classes pauvres qu'elle frappe presque exclusivement :

« Lorsqu'un peuple réclame avec tant de force et de persistance, depuis bientôt un demi-siècle, l'abolition d'un impôt ; lorsqu'il l'a pris en telle aversion, cet impôt, fût-il le meilleur du monde, il faut qu'il disparaisse. Je ne connais pas de considérations qui puissent le faire maintenir. Il est profondément impolitique, il est souverainement imprudent de faire violence au sentiment populaire ; on ne lui résiste pas impunément. Combien faut-il de révolutions pour nous l'apprendre ? Lorsqu'un impôt est ainsi condamné, pour tout homme politique qui ne croit pas que gouverner c'est résister, il ne reste qu'une chose à faire, c'est d'exécuter la sentence du peuple.

« Cette sentence, au surplus, n'est que stricte justice ; non, l'émotion publique n'est pas factice ; si jamais impôt ne fut si détesté, c'est que jamais impôt ne fut si détestable ; il résume en lui tous les vices que peut avoir un impôt.

« C'est un impôt inique dans sa répartition, car il n'est pas le même dans toutes les localités, et, dans chaque localité, il n'est pas le même pour tous les consommateurs, et l'inégalité est à la charge du plus pauvre

« C'est un impôt odieux et intolérable dans son mode de perception ; car il soumet à une surveillance importune, vexatoire, tracassière, ceux qui s'adonnent au commerce des boissons ; il les tient dans un état de suspicion humiliant ; il livre tous les jours, à toute heure, le domicile des citoyens, ce qu'il y a de plus secret dans leur intérieur, aux perquisitions arbitraires des agents des droits réunis.

« C'est un impôt inhumain dans son principe, car il met hors de la portée des classes vouées aux travaux les plus durs, une boisson salutaire qui répare les forces épuisées, et il lui substitue, en poussant à la fraude, des mixtions délétères qui altèrent la santé publique, véritable empoisonnement légal, qui fait bien autrement de victimes que l'ivrognerie, dont on a parlé dans cette discussion, comme si l'impôt des boissons l'avait fait disparaître.....

« C'est un impôt désastreux dans ses conséquences ; car en élevant, dans une proportion souvent énorme, le prix des liquides, et en apportant à leur circulation mille difficultés, mille entraves, il paralyse une des principales branches de notre commerce, il stérilise une des productions les plus riches et les plus enviées de notre sol ; il tient une partie importante de notre agriculture dans un état de langueur et d'atrophie ; et il fait ainsi au développement de la richesse nationale un tort irréparable.

« C'est donc avec raison et justice que le

sentiment public s'est soulevé contre un pareil impôt ; il justifie toutes les plaintes, toutes les haines amassées contre lui, et il mérite amplement la réprobation dont il est, quoi qu'on fasse, irrévocablement frapp[1]. »

L'orateur prouve ensuite que cet impôt est non-seulement inique, puisqu'il frappe du même droit les vins des qualités les plus diverses et qu'il atteint surtout les classes pauvres, mais encore qu'il viole la Constitution, qui a proclamé le principe de proportionnalité en matière d'impôt. En terminant, M. Grévy demande qu'au lieu de s'ingénier à chercher de nouvelles taxes, on avise à faire des réductions et des économies dans un budget de dépenses sans cesse accrues (séance du 14 décembre 1849).

L'Assemblée, poursuivant sa lutte contre la démocratie, s'attaqua bientôt au suffrage universel. Dans la discussion de la fameuse loi électorale du 31 mai qui devait priver la France de quatre millions d'électeurs, le député du Jura réfuta éloquemment M. Thiers, et défendit, dans un discours célèbre, l'intégrité du suffrage universel et l'inviolabilité de la Constitution Voici les principaux passages de ce discours :

« Qu'est-ce que le suffrage universel ? C'est la souveraineté du peuple dans sa manifestation la seule vraie, la seule légitime ; c'est la souveraineté du peuple en exercice. Sans le suffrage universel, la souveraineté du peuple n'est qu'un mot ; ils sont inséparables, ou plutôt ils se confondent ; toute atteinte portée au suffrage universel est un attentat contre la souveraineté du peuple.

« Ce n'est donc pas seulement parce qu'il est écrit dans la Constitution, c'est principalement et surtout parce qu'il se confond et s'identifie avec la souveraineté du peuple, dont il n'est que l'expression, que le suffrage universel est inviolable. La Constitution a bien pu le reconnaître et le proclamer, elle ne l'a pas créé

« Il existait avant elle comme un droit antérieur et supérieur aux lois positives, comme un droit imprescriptible, et avant elle il s'était produit comme un fait naturel et nécessaire, lorsque la révolution de Février eut rendu au peuple l'exercice de sa souveraineté.....

« Je le déclare donc : ce n'est pas seulement parce qu'il porte atteinte à la Constitution, que le projet de loi, à mes yeux, est illégitime ; c'est surtout et avant tout, parce qu'en mutilant le suffrage universel, il attente à la souveraineté du peuple, par laquelle vous êtes ici, sans laquelle et contre laquelle vous n'êtes rien.....

« C'est, dit-on, pour organiser, pour régulariser le suffrage universel, qu'on a présenté le projet de loi. Je le demande à nos honorables adversaires, quel besoin s'en est fait sentir? Quels abus, quelles fraudes ont été signalés? Quelles plaintes se sont élevées? Quand, dans quelles circonstances, l'insuffisance des dispositions de la loi de 1849, sur le domicile, s'est-elle révélée? Le suffrage universel a toujours admirablement fonctionné; à chaque élection, le peuple s'est montré à la hauteur du droit qu'il exerçait ; partout les élections se sont accomplies avec un ordre, un calme, une dignité qui ont fait l'étonnement des amis du suffrage universel et le désespoir de ses ennemis.....

« Il ne s'agit pas d'organisation, de régularisation du suffrage universel ; il s'agit de le changer, de le restreindre, de le mutiler. C'est parce que vous avez été vaincus aux dernières élections que vous voulez modifier le suffrage universel et changer un instrument dont vous n'attendez plus rien Voilà la pensée de la loi ; elle est évidente, elle est avouée. Ce suffrage universel vous a donné la victoire pendant un an ; aujourd'hui il vous condamne, vous voulez le dénaturer. Voilà l'intention, la pensée du projet de loi ....

« La Constitution dit : « La souveraineté du peuple réside dans l'universalité des citoyens. » Le projet de loi la fait résider dans une partie du peuple.

« La Constitution dit : « La souveraineté ne peut être exercée par une fraction du peuple. » Le projet de loi attribue à une fraction du peuple l'exercice de la souveraineté.

« La Constitution dit : « Le suffrage est universel, » c'est-à-dire qu'il comprend tous les citoyens français, qui, arrivés à l'âge de majorité, ne sont pas frappés de quelque cause d'indignité par des condamnations judiciaires. Le projet exclut des comices électoraux plusieurs millions de citoyens qui remplissent ces conditions.

« La Constitution dit : « On est électeur à vingt et un ans ; » et le projet de loi impose à l'électeur un stage qui le tient éloigné de l'urne électorale jusqu'à vingt-quatre ans au moins.

« La Constitution dit : « On est électeur sans condition de cens ; » et le projet de loi rétablit le cens de la contribution personnelle....

« Qui êtes-vous, s'écrie l'orateur, en s'adressant, dans une éloquente péroraison au Gouvernement et à la droite de l'Assemblée, qui êtes-vous, pour élever votre volonté contre la volonté de la Constitution nationale? Qui êtes-vous pour dire à la loi fondamentale de notre pays, à la loi qui vous a faits ce que vous êtes, qui êtes-vous pour lui dire : Je te permets de vivre, mais à la condition de te laisser déchirer et déshonorer en silence?

« Voilà le langage de ces hommes qui s'appellent le grand parti de l'ordre! Voilà l'ordre comme ils l'entendent! L'ordre, ce n'est pas pour eux le respect, le règne de la loi, c'est le règne de leurs intérêts et de leurs passions! » (Séance du 25 mai 1850.)

Lorsque la concession des chemins de fer de Paris à Avignon, de Tours à Nantes et d'Orléans à Bordeaux fut débattue à l'Assemblée, M. Grévy fit à plusieurs reprises entendre à ses collègues la voix autorisée d'un jurisconsulte et d'un économiste traitant à fond la question (séances des 22 février, 4 mars, 8 avril, 30 et 31 juillet, 5 et 6 août 1850).

Le 15 juillet 1851, il parut à la tribune pour combattre la révision de la Constitution et défendre de nouveau le suffrage universel :

« La proposition de réviser la Constitution, dit-il en débutant, par la pensée qui l'a inspirée, par le but auquel elle tend, par le caractère et la signification que ses auteurs eux-mêmes lui ont donnés, n'est autre chose qu'une protestation contre la révolution de Février, et une occasion que les partis dynastiques ont saisie de lever leur drapeau contre le drapeau de la République. C'est, sous le nom menteur de révision, la continuation et le couronnement de la lutte engagée depuis trois ans dans cette enceinte entre les adversaires et les défenseurs des institutions électorales. . .

« La loi du 31 mai a eu pour but et pour effet de faire sortir des listes électorales une partie des citoyens qui ont concouru aux élections de l'Assemblée constituante, de l'Assemblée législative et du président de la République ; c'est-à-dire de mettre hors du corps électoral une partie du peuple ; en d'autres termes, de restreindre, de tronquer, et, par conséquent, de détruire le suffrage universel.

« Je dis que tel a été le but de la loi du 31 mai. A ceux qui pourraient l'avoir oublié, il suffirait de rappeler que les auteurs de cette loi (ils l'ont avoué alors et ils s'en sont assez glorifiés depuis) ont voulu prendre une revanche des deux dernières élections de Paris, frapper un coup hardi qui, en imposant à leurs adversaires, relevât le cœur à leurs amis, et, par l'exclusion calculée de la fraction la plus démocratique du peuple, enchaîner à leur drapeau la victoire électorale qui l'abandonnait.

« Ce n'est pas une loi conçue par le législateur dans le calme et la sérénité de son esprit. C'est une loi de représailles, de haine et de colère ; c'est, comme l'a dit à cette tribune un de ses plus éloquents promoteurs, un acte de désespoir ; c'est la révolte de la minorité contre la majorité qui se déplaçait.

« Voilà le but de la loi.

« Quant à son effet, c'est quelque chose de tout matériel et de palpable. Il est certain; il est officiellement constaté que le résultat de cette loi est, dès à présent, d'exclure des listes environ trois millions d'électeurs. Je dis dès à présent, car vous le savez, Messieurs, cette loi n'a pas encore dit son dernier mot ; elle n'a pas été exécutée partout avec le même zèle ou avec la même habileté ; on n'en a pas encore tiré tous les trésors d'arbitraire qu'elle recèle. Le résultat n'en sera complet que l'an prochain, après le remaniement des listes, surtout si vous remettez au Gouvernement la nomination des maires, complément indispensable de la première mesure.

« Alors, soyez-en certains, ce n'est pas trois millions, mais quatre ou cinq millions qui sortiront des listes. Quoi qu'il en advienne, que ce soit trois millions ou cinq millions de citoyens, que ce soit le tiers ou la moitié du peuple qui se voie dépouillé du droit de voter, que le suffrage universel soit réduit du tiers ou de la moitié, il est évident que dans un cas comme dans l'autre, le suffrage universel n'existe plus.

« Il est donc avéré que la loi du 31 mai a eu pour but et pour effet de détruire le suffrage universel. C'est un point sur lequel il y aurait de la naïveté à insister, après tant de discussions qui l'ont mis en lumière, et en présence des documents, des faits, du témoignage de la conscience publique...

« La souveraineté du peuple est le principe et la source de notre pouvoir ; nous ne nous reconnaissons pas le droit de porter la main sur elle. Que sommes-nous pour dépouiller de leur part de souveraineté plusieurs millions de citoyens ? Qui nous a faits arbitres et dispensateurs de droits ? Qui nous a élevés au-dessus du peuple souverain ? Nous ne sommes quelque chose que par lui, nous n'avons de pouvoirs que ceux qu'il nous a temporairement confiés, nous ne sommes que ses mandataires ; et sans l'appoint des suffrages de ceux qui sont aujourd'hui exclus, un grand nombre d'entre nous comme d'entre vous, Messieurs, ne siégerait pas sur ces bancs.

« Et vous voulez que nous tournions contre nos électeurs le pouvoir que nous tenons d'eux, vous voulez que nous puisions dans notre mandat le droit de destituer nos mandants ? Ce serait un excès de pouvoir, un abus de mandat, une révolte contre le peuple par lequel nous sommes ici, sans lequel et contre lequel vous et nous ne sommes rien.

« Ce que vous nous demandez, c'est de renier nos principes, de trahir notre mandat et de nous déshonorer....

« Vous pouvez, Messieurs, n'être pas touchés autant que nous le sommes des droits du peuple et des atteintes portées à sa souveraineté ; mais vous qui êtes des hommes d'autorité, vous qui vous préoccupez presque exclusivement de la stabilité du pouvoir et de la force du gouvernement, comment pouvez-vous songer à mettre à la place d'une Constitution fondée sur les larges assises du suffrage universel des institutions élevées sur la base étroite et chancelante de la restriction et du privilége ? Ne voyez-vous pas que les anciens fondements du pouvoir sont détruits, que les vieilles croyances politiques ont fait place à la notion du droit, l'esprit de subordination au sentiment indomptable de l'égalité? Et lorsque, au milieu de cet ébranlement social, la fortune des révolutions a reconstitué l'autorité sur la raison commune, en lui donnant pour base le suffrage universel; lorsque, dans son naufrage, le flot révolutionnaire l'a portée sur ce roc inébranlable, unique et dernier fondement qui lui reste, vous vous efforcez de l'en arracher, pour la confier de nouveau aux débris submergés des vieilles institutions tombées avec elle! » (Séance du 15 juillet 1851.)

M. Grévy prit, pour la dernière fois, la parole à l'Assemblée législative le 6 août 1851, pour appuyer l'interpellation de Pascal Duprat au ministre de l'agriculture et du commerce au sujet les sociétés tontinières.

En 1850 et 1851, il collabora à la *République universelle* avec Pascal Duprat, Joigneaux, Noël Parfait, Bancel, etc.

« Le danger n'est plus dans les émeutes, il est dans les coups d'Etat, » avait prédit M. Grévy en pleine Assemblée, dès le mois de mai 1849. Le guet-apens du Deux-Décembre réalisa tragiquement cette prédiction.

Arrêté à la mairie du Xe arrondissement et enfermé à Mazas avec ses collègues de la gauche (1), le député du Jura en sortit la tête haute pour se renfermer dans son cabinet d'avocat et se consacrer de nouveau à ses occupations professionnelles, avec cette indépendance et cette loyauté de caractère qu'il

(1) Voir l'*Histoire d'un crime*, par Victor Hugo, t. I, p. 129, 146, t. II, p. 10.

avait montrées dans l'accomplissement de son mandat politique.

Pendant dix-sept ans, il vécut dans l'enceinte du Palais, prenant un rang de plus en plus marqué parmi les maîtres du barreau, ayant le courage, sous le régime impérial, de parler d'indépendance et de liberté, en défendant des écrivains accusés d'avoir osé revendiquer les droits de la parole, des citoyens coupables d'avoir osé croire au droit de réunion Il était à la barre à côté de Berryer, de Jules Favre, de Dufaure, de Marie, de Picard, d'Arago, dans le célèbre *procès des Treize*, cette scandaleuse provocation du despotisme impérial (1).

L'élection partielle qui eut lieu dans le Jura le 15 août 1868 appela M. Grévy à rentrer enfin dans la vie publique.

Cette candidature signala le réveil en province des idées libérales et des aspirations républicaines. Le Gouvernement y vit une menace et ne négligea aucun moyen pour soutenir la lutte Pression administrative, intrigues officielles, libelles diffamatoires, calomnies, attaques déloyales répétées chaque jour par la presse officieuse, « activité dévorante » déployée par tous les fonctionnaires: M. Nau de Beauregard, alors préfet du Jura, usa et abusa de toutes ces pitoyables ressources.

M. Grévy, qui s'était contenté de poser sa candidature en laissant à ses électeurs le soin de l'apprécier, dut rompre le silence devant de pareilles manœuvres Il publia, en réponse

(1) Elie Sorin, *Jules Grévy, étude politique*, p. 116, 119.

à ses adversaire,une nette et ferme profession de foi dont nous extrayons les passages suivants :

« Je ne représente pas plus la révolution que mon concurrent ne représente l'ordre ; les révolutionnaires aujourd'hui ne sont point ceux qui tentent de retenir le pouvoir sur une pente fatale, ce sont ceux qui, en abdiquant leur indépendance, se condamnent à se précipiter avec lui

« Vous avez à opter entre le candidat officiel et un candidat indépendant; entre celui qui devra son élection à l'administration et celui qui ne la devra qu'à vous ; entre un représentant qui vous est donné par le pouvoir et un représentant que vous vous donnez vous mêmes; — l'un, instrument forcé de la politique qui vous a valu les grosses armées, les expéditions désastreuses, les budgets écrasants, l'emprunt périodique, le malaise général et la compression; — l'autre. partisan convaincu de la politique qui veut réduire les armées et les impôts, et, faisant rentrer la France dans sa voie, fonder la prospérité publique sur le solide établissement de la paix au dehors et de la liberté au dedans

« Choisissez. »

Dans une lettre rendue publique, Berryer recommanda chaudement cette candidature aux électeurs jurassiens.

« Esprit loyal, ferme, éclairé et zélé pour le bien public écrivait l'éminent orateur, M. Grévy réclamera et servira le développement des libertés civiles, politiques et religieuses, avec un respect sincère et intelligent du droit qu'ont tous les citoyens de jouir pleinement de ces libertés... Au temps où nous sommes, le soin de coopérer au triomphe de ces principes est l'impérieux devoir et doit être la principale préoccupation des hommes honnêtes qui savent être libres. »

L'autorité préfectorale s'efforça vainement de contrebalancer l'influence de ces paroles sur les populations.

« Il y a en présence deux grands principes qui vont se mesurer, disait le préfet dans une circulaire distribuée à profusion. L'un est le principe conservateur du gouvernement impérial..., l'autre est le principe d'opposition à ce même gouvernement, c'est l'idée révolutionnaire cherchant à nouveau sa voie »

Les efforts inouïs, les tentatives désespérées de l'administration n'eurent guère pour effet que de rendre plus éclatant le triomphe de M. Grévy. Sur 34,028 votants, il obtint 22,595 voix, tandis que le candidat officiel, M. Huot, en réunit seulement 11,263.

Cette victoire électorale du parti républicain prit les proportions d'un événement. Les élections parisiennes de 1863 avaient enfin donné le signal à la province. C'était la première fois que le Gouvernement impérial recevait dans les campagnes un échec aussi significatif. On s'en émut en haut lieu ; l'on y vit aux Tuileries une protestation contre une politique arbitaire et un absolutisme déguisé, un symptôme de funeste augure pour la dynastie.

Dans le Jura, l'élection de M. Grévy fut acclamée. La *Sentinelle* elle-même, qui l'avait combattue à outrance, s'empressa de dire, après le scrutin, que c'était « le triomphe de l'estime, » et que « le mérite personnel, l'excellente réputation de l'homme privé, les souvenirs de modération qu'il avait laissés dans le pays en des moments difficiles » lui avaient valu cette marque de confiance de la part de ses concitoyens.

Le barreau de Paris, jaloux de s'associer à cette imposante manifestation du sentiment public, choisit pour son bâtonnier le nouveau député, membre depuis longtemps du conseil de l'ordre des avocats. M. Grévy inaugura cette haute fonction en prononçant sur la tombe de Berryer un discours cité souvent comme modèle du genre.

Citons quelques passages de ce magnifique éloge:

« Les voûtes du Palais retentissent encore des frémissements d'admiration qui suivaient ses triomphes. Soit que, défendant Dehors, arraché trois fois à l'échafaud, il termine par une exclamation foudroyante cette victorieuse récapitulation restée si célèbre; soit que, accusant Laroncière, il brise par un mouvement impétueux l'artificieux réseau dans lequel un habile adversaire s'efforçait de l'enlacer, ou qu'avec un cri déchirant, il montre impassible à ses pieds ce vieillard que la douleur avait anéanti; soit que, dans son plaidoyer pour M. de Chateaubriant, il évoque les grandeurs de la vieille monarchie française, et que, la main tendue vers la Sainte-Chapelle, il place la royauté proscrite sous la protection du Dieu de saint Louis; soit que, dans le procès du prince Louis-Napoléon devant la cour des Pairs, mettant ses juges sous le regard du Dieu qui sonde les cœurs, il leur octroie audacieusement le droit de condamner le Prétendant vaincu, s'ils peuvent jurer que vainqueur, ils ne l'eussent point servi..., partout il subjugue, il transporte ses auditeurs par la véhémence de son action et par ces traits de feu qui sont la manifestation sublime du génie de l'éloquence

« Ce qui achevait d'élever au-dessus du niveau commun cet homme privilégié, c'était une distinction native, un harmonieux mélange de noblesse et de simplicité. Inégal parfois et inférieur à lui-même, comme tous les hommes d'inspiration, lorsque le dieu intérieur ne les agite pas, il n'était jamais vulgaire ; tout en lui révélait l'habitude des choses nobles et comme un commerce familier avec la grandeur.

« Tant de dons merveilleux, tant d'éclatants triomphes, tant de lustre jeté sur cette profession qu'il chérissait et dont les orages de la politique n'ont pu le détacher, l'avaient élevé si haut, que, s'associant à son illustration et la revendiquant comme un patrimoine commun, les barreaux de France lui avaient décerné spontanément une sorte de royauté, et que, le jour où sonna le cinquantième anniversaire de sa carrière triomphale, ils accoururent à Paris pour fêter, sous les yeux de la France attentive et émue, ce demi-siècle de gloire, comme ils viennent aujourd'hui, dans un appareil si différent, se presser autour de ce cercueil : hommage unique dans nos annales à une renommée unique dans les fastes de notre ordre.

« Ce roi du barreau, couronné par les mains de ses confrères, tenait aussi le sceptre de la tribune parlementaire. « M. Berryer est le plus grand de nos orateurs; depuis Mirabeau, personne ne l'a égalé, » écrivait, il y a plus de trente ans, le peintre ingénieux des orateurs contemporains, et la France a ratifié ce jugement. La postérité pourra être tentée de le réviser, en lisant ce qui restera de ce grand homme; elle trouvera peut-être chez quelques-uns de ses contemporains plus de philosophie dans la pensée, plus de pompe dans l'expression; elle ne sentira pas sous ces paroles éteintes le feu qui les embrasait; elle n'aura pas entendu *rugir le monstre*......, et c'est M. Berryer surtout qu'il fallait entendre! Personne peut-être n'a jamais porté plus loin ce que Buffon appelle le corps qui parle au corps et ce que l'orateur athénien regardait comme le tout de l'éloquence. Un front large et puissant, une noble et expressive figure, la grave beauté du port et du geste, le son ravissant de la voix la plus mélodieuse et la plus pénétrante, donnaient à son action une grâce et une force irrésistibles. Ajoutez un naturel parfait, le don suprême d'émouvoir et d'être ému, le cri de la passion jeté à la manière des grands interprètes de la muse tragique, des mouvements qui rappellent ceux de Démosthènes et de Mirabeau, et, ce qui complète la ressemblance avec ces orateurs fameux, dont il descend en droite ligne, la sobriété d'ornements, le dédain de la recherche, la mâle simplicité d'une langue *qui ne se sert de la parole que pour la pensée*, et vous aurez un faible crayon d'une des plus magnifiques organisations d'orateur que la nature ait formées (1). »

Le député du Jura apporta à la Chambre le culte des principes, la raison droite et calme

(1) *Discours de M. Grévy, bâtonnier de l'ordre des avocats, sur la tombe de M. Berryer.* Paris, 1868, broch. in-8°.

dont il avait fait preuve à l'Assemblée constituante et à l'Assemblée législative. « Par l'invincible fermeté de ses opinions républicaines, dit un historien contemporain, par l'austérité de son caractère, par sa clairvoyance politique bien connue, il eut au Corps législatif une situation toute particulière. Dans plusieurs circonstances il prit la parole, et ses adversaires eux-mêmes se montrèrent toujours attentifs à écouter son langage vigoureux et souple, son argumentation solide et nerveuse. »

Il se fit entendre pour la première fois au Corps législatif le 13 mars 1869, à l'occasion des travaux du Trocadéro et de l'aliénation d'une partie du jardin du Luxembourg. Le jurisconsulte y défendit avec autant de clarté que d'énergie les principes de notre droit public ; il combattit, au nom de la loi et de l'intérêt général, l'aliénation des biens domaniaux ; puis il conclut en ces termes :

« Les gouvernements qui se sont succédé en France ont pu s'arroger, par ordonnance et par décrets, le droit de toucher aux biens composant le domaine public ; mais, je ne saurais trop le redire, il ne l'ont fait qu'en usurpant sur la nation.

« Quant à vous, Messieurs, vous aurez à juger si le moment est bien choisi pour abandonner les principes séculaires de notre droit public, et pour livrer d'une manière à peu près indéfinie la disposition de la fortune publique à un gouvernement dépensier et besoigneux. »

« La rentrée de M. Grévy a eu lieu hier, écrivit le *Temps* à propos de ce discours.

L'attente de ce début excitait dans la Chambre une vive curiosité; la renommée solide que l'orateur avait acquise comme parlementaire, à la suite de son passage dans la Constituante et la Législative, le profond retentissement que son élection a eu dans le pays au mois d'août dernier, la physionomie particulièrement sérieuse de l'honorable député du Jura, tout concourait à faire de cette rentrée un véritable événement. Aussi, l'attention étaitelle extrême sur tous les bancs : tout le temps que M. Grévy a parlé, l'on eût entendu une mouche voler.

« Rien de plus simple que la personne et la manière oratoire de M. Grévy ; rien non plus qui lui convînt mieux que le sujet très-circonscrit qu'il avait choisi. Nul ne pouvait comme lui ramener aux vrais principes la question de droit public, que M. Vuitry avait si profondément embrouillée dans la séance précédente.

« Dans la courte démonstration à laquelle s'est livré l'ancien représentant du Jura, tout le monde a retrouvé ses qualités maîtresses : une lucidité parfaite et une sobriété telle que certainement il doit désespérer les rédacteurs chargés du résumé analytique. Nous n'avions pas vu depuis longtemps la Chambre aussi profondément impressionnée par un orateur de la gauche.

« Ou nous nous trompons fort, ou M. Grévy est destiné à prendre promptement une grande autorité dans le pays ; le parti républicain le comptait jadis comme un de ses futurs hommes d'Etat ; encore aujourd'hui, nous ne doutons pas que la bourgeoisie ne l'envisage bientôt comme un des hommes les plus capables de faire face à des situations difficiles. »

Moins partiale que certains de ses confrères de la presse officieuse, la *France* consacra aussi des lignes élogieuses au député jurassien :

« Voilà dix-huit ans que M. Grévy avait cessé de faire partie des assemblées politiques, et que de très-regrettables scrupules relatifs au serment l'avaient empêché d'y entrer. Un grand nombre de membres du Corps législatif se rappelait cet honnête homme, qui, tout en professant des opinions assez avancées, se montra toujours si modéré, que l'Assemblée de 1849 l'avait élu parmi les vice-présidents.

« Tout le monde connaît l'amendement célèbre et désormais historique, auquel il attacha son nom et qui fut repoussé par plus de six cents voix sur huit cents.

« Aujourd'hui M. Grévy a soixante-deux ans. Il est grand, fort, bien bâti : montagnard de la tête aux pieds, autant par la manière solide dont ses pieds s'appuient sur le sol, que par la manière dont il porte sa tête chauve dans ses épaules carrées, il a conservé une verdeur rare à son âge M. Pelletan, qui a douze ans de moins de lui, a l'air plus âgé.

« Le visage est sympathique au possible. Les traits encadrés dans des favoris gris coupés ras, sont fins et doux. L'œil est profond, très-enfoncé sous l'arcade sourcilière, mais très-vivant, très-ouvert, malgré son expression mélancolique. Au total, la physionomie d'un penseur et d'un philosophe qui a beaucoup vu, beaucoup appris, beaucoup souffert, et conserve néanmoins debout, entières, inébranlables, toutes ses convictions.

« La parole est froide, d'une langue très-correcte, s'élevant rarement jusqu'à l'éloquence proprement dite, mais s'accentuant avec un certain éclat dans les passages que l'orateur veut souligner. Son geste est sobre et son corps reste presque immobile.

« La force de son discours recouvre une dialectique serrée, une argumentation qui se déduit habilement et logiquement. Pas une parole de trop, pas une répétition, pas une violence, seulement parfois des mots durs prononcés plus doucement que les autres. M. Grévy a fait, hier, une grande impression sur la Chambre, moins à cause des opinions qu'il exprimait qu'à cause de la manière dont il les défendait. On a compris que l'opposition avait là une précieuse recrue, au moment où elle vient de perdre M. Berryer. »

Lors des élections générales du mois de mai 1869, la seconde circonscription du Jura, qui avait précédemment nommé M. Grévy, lui confirma de nouveau son mandat législatif par 15,928 suffrages, sur 17,932 votants.

En 1869, il fut également réélu bâtonnier de l'ordre des avocats à Paris.

L'illusion de l'Empire libéral ne le séduisit point. Président de la réunion de la rue de la Sourdière, qui prit le nom de *gauche fermée*, par opposition à la *gauche ouverte* inventée par Ernest Picard, il se refusa à toute transaction avec le pouvoir impérial. On se rappelle la parole célèbre de notre représentant : *ni dupe ni complice.*

Pendant que le ministère du 2 Janvier parlait bien haut de réformes libérales, M. Grévy, rendu justement défiant par l'attentat du 2 Décembre, renouvela la fameuse proposition des questeurs de 1851, et réclama pour le Corps législatif le droit de régler sa police et d'assurer lui-même la garde de son enceinte. Le discours qu'il prononça dans cette circonstance est un modèle de netteté, de logique et de sens politique (séance du 2 février 1870).

Dans la séance du 23 février, plusieurs députés de la gauche déposèrent une demande d'interpellation au sujet des candidatures officielles. M. Chavandier de Valdrôme, alors ministre de l'Intérieur, répondit que cette question était inopportune. L'opposition insista, et un de ses membres proposa l'ordre du jour suivant :

« La Chambre, considérant que le système des candidatures officielles caractérisé par l'intervention du Gouvernement dans la lutte électorale, est la négation même du régime parlementaire et la violation de la souveraineté nationale, passe à l'ordre du jour. »

Cet ordre du jour fut combattu par le ministre de l'Intérieur et par l'homme qui devait, quelques mois plus tard, déclarer, *d'un cœur léger*, la guerre à la Prusse.

Dans le cours de la discussion, M Grévy prit la parole pour dénoncer les hypocrisies et les sophismes derrière lesquels s'abritaient les organes du Gouvernement

Ce discours eut à l'époque un retentissement considérable En voici quelques extraits :

« Je conteste au Gouvernement le droit de s'immiscer dans les élections à aucun titre

«Pour que le Gouvernement ait le droit de s'ingérer dans l'élection des députés, il faut qu'il tienne ce droit ou de la loi ou de la nature de ses attributions.

« Il ne le tient pas de la loi : ni la Constitution, ni la loi électorale, ni aucune loi écrite ne confèrent au Gouvernement le droit de s'ingérer dans les élections des membres du Corps législatif

« Ce droit que la loi ne lui concède point, il ne la tient pas non plus des attributions qui lui sont propres.

« La nation souveraine divise en deux parts le pouvoir qui réside en elle pour en faire le double objet de deux délégations distinctes, et à certains égards opposées : au chef du Gouvernement, elle délègue le pouvoir exécutif et une part du pouvoir législatif ; à la Chambre des députés, elle délègue l'autre part du pouvoir législatif, le contrôle des actes du Gouvernement, et la manifestation de sa volonté sur la direction générale de la politique.

« A quel titre l'un des deux pouvoirs délégués s'immiscerait-il dans la délégation de l'autre? A quel titre le Gouvernement s'ingérerait-il dans la collation du mandat de la nation à ses représentants ?

« Est-ce lui ou la nation qui est le mandant? Est-ce lui ou la nation que les députés représentent?

« Le Gouvernement n'est pas électeur. Les citoyens qui le composent, les fonctionnaires de tous les ordres et de tous les degrés peuvent, sans doute, comme simples électeurs, prendre dans l'agitation électorale et dans le vote la part qui leur appartient;... mais le

Gouvernement, comme pouvoir public, mais le pouvoir exécutif, à quel titre interviendraient-ils ? A quel titre s'interposeraient-ils entre le mandant et le mandataire pour usurper le droit du premier et dicter le choix du second ?

« Voilà la question que je pose. J'attends qu'on y réponde. Voilà comment je prouve que l'intervention du Gouvernement dans l'élection est illégitime ; comment je prouve que le droit qu'il s'attribue ne lui appartient pas.....

« Quant aux funestes effets de la candidature officielle, ils ont été signalés si souvent et tout à l'heure encore, par notre honorable collègue, M. Picard, que je craindrais d'abuser des instants de la Chambre si j'y revenais avec insistance.

« J'en rappellerai seulement quelques-uns, par voie de simple récapitulation : la souveraineté usurpée, le suffrage universel altéré, la représentation nationale faussée et confisquée, les fonctionnaires et les fonctions publiques corrompus comme, par exemple, les justices de paix, sur lesquelles l'honorable M. Barthélemy Saint-Hilaire appelait hier votre attention ; cette belle institution, que ses auteurs avaient placée dans une région sereine de justice et de paix, comme son nom l'indique, et qu'on n'a pas craint de faire descendre dans l'arène des passions pour la transformer, par une sorte de profanation, en un instrument de police, en une agence politique.

« Voilà quelques-uns des fruits de la candidature officielle.

« Je pourrais aussi vous en montrer les

effets sur les mœurs publiques : les électeurs placés entre la séduction et l'intimidation, entre leur conscience et leur intérêt, entre les faveurs de l'administration et ses rigueurs, école ouverte d'immoralité où les mœurs publiques viennent se pervertir ..

« La candidature officielle a fait son temps, s'écria-t-il en terminant. Elle a causé assez de mal à la France. La France la réprouve ; elle n'en veut plus. Et si le ministère, — ce qu'à Dieu ne plaise, — commet la faute de la conserver, je n'ai pas l'habitude de faire des prédictions, mais je lui prédis que la France en fera justice. »

Quand l'Empire aux abois voulut se retremper dans un appel à la souveraineté populaire, M. Grévy, dans une interpellation fameuse et un vigoureux discours, battit en brèche l'expédient du plébiscite.

« D'après le projet de sénatus-consulte, dit-il, le peuple ne pourra désormais exercer son pouvoir constituant que par la voie plébiscitaire ; toute autre voie lui sera interdite, et il ne pourra user du plébiscite que sous l'initiative ou le bon plaisir de l'Empereur.

« Si le peuple veut recourir à une Assemblée constituante, il n'en aura pas la faculté.

« C'est la proscription du principe représentatif, cette belle institution des nations modernes, que l'antiquité n'a pas connue, et qui est de nos jours la seule expression véritable et sincère de la souveraineté nationale.

« Plus d'Assemblée constituante, plus de représentation législative pour toucher aux dispositions fondamentales, il n'y aura plus que le plébiscite, c'est-à-dire les citoyens interpellés isolément, sans concert, sans discussion, sans délibération, sans initiative, ne pouvant proposer ni une modification, ni exprimer spontanément leur pensée, forcés de répondre passivement par oui ou par non à une question qui les place brutalement entre l'abîme et le fait accompli....

« Votre projet de sénatus-consulte enferme la nation entre l'immobilité qui est impossible et la révolution qui est inévitable...

« Quand on place une nation entre le fait accompli et le néant, en la trompant, en la terrifiant, je dis que la réponse qu'on lui demande est un ordre qu'on lui donne !... Il est manifeste que le plébiscite n'est pas une manière de connaître la volonté nationale, ce n'est qu'un moyen de la confisquer....

« Le projet de sénatus-consulte ne restitue pas à la nation le pouvoir constituant ; il ne le retire au Sénat que pour le concentrer dans les mains de l'Empereur. Il condamne la nation à l'immobilité ou à la révolution ; il fait du plébiscite un danger permanent, un instrument légal de coup d'Etat.

« Œuvre puérile ! Vous croyez pouvoir enfermer un grand peuple dans vos petites combinaisons. Vous croyez pouvoir arrêter la marche du progrès et enchaîner une nation à une Constitution. L'exemple de ceux qui vous ont précédé dans cette œuvre impossible ne vous a donc pas instruits ? Le peuple, à son tour, brisera vos entraves comme il en a brisé d'autres, jusqu'à ce qu'il arrive enfin, à travers les révolutions dont vous lui rouvrez la carrière, à la forme de gouvernement des peuples modernes, à la forme démocratique, la seule qui soit appropriée à notre état social, la seule dans laquelle il puisse trouver enfin l'ordre, la liberté, le repos et la prospérité dont il a si grand besoin ! » (Séance du 4 avril 1870)

Le 9 avril suivant à propos d'une question posée au ministre de l'Intérieur par M. de Kératry, relativement aux instructions données aux préfets pour le vote du plébiscite, M Grévy monta à la tribune pour réclamer la liberté du scrutin, combattre l'intervention administrative et flétrir « l'activité dévorante » exigée des fonctionnaires

Notre honorable député ne se borna point à signaler à la Chambre le danger du plébiscite ; il rédigea le célèbre manifeste de la gauche du 19 avril.

Voici le texte de ce document :

« *A nos concitoyens*,

« Le 2 Décembre a courbé la France sous le pouvoir d'un homme.

« Aujourd'hui, le gouvernement personnel est jugé par ses fruits. L'expérience le condamne ; la nation le répudie.

« Aux élections dernières le peuple français a manifesté hautement sa volonté souveraine : au gouvernement personnel il entend substituer le gouvernement du pays.

« La Constitution nouvelle sur laquelle le pouvoir vous appelle à vous prononcer, réalise-t-elle le vœu national ? Non

« La nouvelle Constitution n'établit pas le gouvernement du pays par le pays ;

« Elle n'en est que le simulacre.

« Le gouvernement personnel n'est point détruit ; il conserve intactes ses plus redoutables prérogatives ; il continue d'exister, à l'extérieur, par le droit personnel de faire les traités et de déclarer la guerre, — droits dont il a été fait, depuis quinze ans, un usage si funeste à la patrie; — à l'intérieur, par le gouvernement personnel du chef de l'Etat, à l'aide de ministres qu'il nomme, d'un Conseil d'Etat qu'il nomme, d'un Sénat qu'il nomme, d'un Corps législatif qu'il fait nommer par la candidature officielle et la pression administrative, du commandement de la force armée, de la nomination à tous les emplois, d'une centralisation excessive qui met dans sa main toutes les forces organisées du pays, qui confisque l'autonomie des communes, et qui ne laisse pas même aux populations le droit d'élire leurs magistrats municipaux.

« Enfin, et pour couronner cet édifice de l'omnipotence impériale, la Constitution nouvelle livre à l'initiative exclusive du chef de l'Etat le droit qui appartient essentiellement à tout peuple libre, de réformer, quand il le juge nécessaire, ses institutions fondamentales, en même temps qu'elle remet au pouvoir exécutif le droit césarien d'appel au peuple, qui n'est autre chose que la menace permanente d'un coup d'Etat

« Telle est la Constitution qu'on vous propose.

« C'est votre abdication qu'on vous demande.

« Voulez-vous y souscrire?

« Voulez-vous renouveler les pleins pouvoirs de l'Empire?

« Voulez-vous, sous les apparences du système parlementaire, consolider le gouvernement personnel?

« Si vous le voulez, votez Oui.

« Mais si vous avez retenu la leçon des événements ; si vous n'avez oublié ni les dix-huit années d'oppression, d'outrages à la liberté ; ni le Mexique ; ni Sadowa ; ni la dette accrue de 5 milliards ; ni les budgets dépassant 2 milliards ; ni la conscription ; ni les lourds impôts ; ni les gros contingents, vous ne pouvez pas voter : OUI.

« Car tous ces maux, dont la France n'effacera de longtemps la trace, sont sortis, il y a dix-huit ans, de deux plébiscites semblables à celui qu'on vous soumet.

« Car aujourd'hui, comme alors, c'est un blanc-seing qu'on vous demande, l'aliénation de votre souveraineté, l'inféodation du droit populaire aux mains d'un homme et d'une famille, la confiscation du droit imprescriptible des générations futures.

« Au nom de la souveraineté du peuple et de la dignité nationale, au nom de l'ordre et de la paix sociale, qui ne peuvent se réaliser, par la conciliation des intérêts et des classes, qu'au sein d'une libre démocratie, repoussez par votre vote la Constitution nouvelle ;

« Protestez par le vote négatif, par le vote à bulletin blanc, ou même par l'abstention : tous les modes de protestation apporteront leur part à l'actif de la liberté.

« Quant à nous, nous voterons résolument *non* et nous conseillons de voter NON. »

En même temps M. Grévy adressait cette lettre à un électeur jurassien :

« Mon cher ami,

« Vous me demandez quel est mon sentiment sur le plébiscite.

« Je l'ai dit dans le manifeste que vous allez lire, et qui est en grande partie mon ouvrage ; je n'ai rien à y ajouter.

« Ceux qui, dans leur candeur, ont cru cette fois encore aux paroles trompeuses et se sont laissé persuader que le gouvernement personnel allait abdiquer devant la volonté nationale, pour faire place au gouvernement du pays par le pays, doivent être détrompés aujourd'hui.

« La nouvelle Constitution ne leur laisse plus d'illusion.

« Elle n'inaugure point le gouvernement parlementaire : elle consolide le gouvernement personnel.

« Au dedans, comme au dehors, la France dans le présent reste courbée sous la main d'un homme, et dans l'avenir, le coup d'Etat est suspendu comme une épée sur sa tête.

« On devait s'y attendre !

« L'Empire, c'est le despotisme sous le masque de la démocratie.

« L'arbre ne peut porter que ses fruits.

« Mille amitiés.

« Jules Grévy. »

Cette éloquente protestation, ces solennels et prophétiques avertissements ne furent malheureusement pas écoutés, et dans son aveugle effarement le peuple sanctionna le sénatus-consulte. On sait ce que nous valut ce vote.

Lors de la discussion du projet de loi relatif au jugement des délits de presse et des délits politiques, M. Grévy défendit énergiquement l'institution du jury (séances des 11 avril, 19 et 23 mai 1870). Il termina ainsi l'un de ces discours :

« La liberté pour une nation consiste à faire elle-même ses lois et à les appliquer, à les faires par ses représentants, et à les appliquer par ses jurés. La seconde condition n'est pas moins indispensable que la première. Mesurez la part faite au jury dans l'application de la loi, mesurez la part que la nouvelle constitution fait à la représentation nationale dans leur confection, et vous aurez la distance qui vous sépare de la liberté. »

Le 24 juin, lorsque le projet de loi concernant la nomination des maires fut soumis aux délibérations de la Chambre, notre honorable concitoyen revendiqua hautement l'élection de ces fonctionnaires, et flétrit à la fois la candidature officielle et l'absolutisme du régime impérial.

M. Grévy gravit une dernière fois la tribune du Corps législatif, pour faire la déclaration suivante, dans le cours de la discussion des pétitions demandant l'abrogation des lois de 1832 et 1848, qui avaient prononcé l'exil à perpétuité contre les membres des deux branches de la maison de Bourbon. (Séance du 2 juillet) :

« Si je pouvais ne voir dans la pétition des princes d'Orléans qu'un acte privé, que la légitime réclamation d'exilés redemandant leur patrie, je serais le premier à joindre ma voix à la leur ; et moi aussi, je dirais à ceux qui nous gouvernent : La proscription n'est pas seulement un crime comme toutes les iniquités, elle est une faute qui retombe tôt ou tard sur ses auteurs, et l'histoire est pleine de proscripteurs proscrits à leur tour.

« Pas plus que ceux qui ont cru devoir le déclarer, je n'ai l'honneur de connaître les princes d'Orléans ; je n'ai pour eux ni amour ni haine ; mais ils sont proscrits, et je voudrais qu'il me fût possible de ne voir en eux que des Français tendant la main vers la France.

« Mais je ne puis me faire cette illusion ; et quand je vois les princes d'Orléans, après vingt ans de silence, au moment où l'Empire peut leur paraître pencher sur le déclin, se ranger derrière le jeune chef de leur dynastie et s'adresser à la représentation nationale, c'est-à-dire à la France elle-même, pour demander leur rappel, je ne puis prendre pour un acte privé cette démonstration monarchique.

« Ce ne sont pas seulement, à mes yeux, de simples citoyens demandant à rentrer dans leur patrie, c'est la dynastie d'Orléans, c'est la royauté de 1830, qui demande à la France de la rappeler.

« Or, je n'ai mission ni de mes commettants ni de mes convictions de rappeler la royauté.

« Oui, je voudrais pouvoir ouvrir à ces princes les portes de leur patrie, mais je ne veux rappeler ni la royauté de droit divin, ni la royauté de 1830 .. Je suis donc obligé de m'abstenir de voter, parce que, d'un côté je ne veux pas repousser la pétition de citoyens demandant la fin de leur exil, et que d'un autre côté, je ne veux pas rappeler la royauté, deux questions qui se trouvent habilement mêlées et confondues dans la pétition soumise à votre délibération. »

L'Empire s'effondra enfin dans la honte et le mépris. Le Quatre-Septembre, en proclamant la République, obéit aux vœux de la nation indignée. On n'entendit guère alors de protestations contre ceux qui, ramassant dans la boue un pouvoir avili, organisèrent avec patriotisme le gouvernement de la Défense nationale. Les souteneurs de l'Empire s'éclipsèrent prudemment, se rejetant à l'envi la responsabilité de nos désastres.

Quelles que soient les accusations et les calomnies dont on a accablé après coup les hommes du Quatre-Septembre, l'histoire les absoudra ; elle dira qu'ils ont fait leur devoir en constituant, sans mandat régulier, il est vrai, mais aux acclamations de la France, un Gouvernement provisoire sorti de la force des choses; elle dira aussi que, s'ils ont commis la faute de ne pas convoquer immédiatement la nation à se prononcer sur ses destinées, la marche précipitée des événements, le bouleversement général, les circonstances critiques que traversait le pays, et surtout leur culte ardent de la patrie, atténuent singulièrement cette faute.

L'enthousiasme du Quatre Septembre ne gagna point M. Grévy. En homme du droit et de la légalité, il eût voulu voir la Répub ique consacrée autrement que par une manifestation populaire ; aussi, envisageant froidement la situation, redoutant l'effervescence d'un pareil triomphe, il se refusa à paraître sur la scène politique, après avoir essayé, avec quelques-uns de ses collègues, de faire voter la déchéance de l'Empire par le Corps législatif, et réclamé, à diverses reprises, l'élection d'une Assemblée (1).

(1) La lettre suivante trouve ici sa place :

« Mont-sous-Vaudrey (Jura), 5 novembre 1870.

« Monsieur le rédacteur en chef du *Républicain du Jura*,

« L'*Indépendance belge* m'attribue une démarche auprès de

Nous n'avons pas à retracer ici les événements qui suivirent Du 4 septembre nous arrivons, sans autre transition, au jour où la France fut appelée à élire cette Assemblée.

M. Grévy résuma ainsi son programme dans la profession de foi qu'il adressa alors aux électeurs jurassiens :

« La République toujours : la paix, sauf revanche par tous les moyens acceptables (1). »

Il fut nommé dans le Jura, le premier de nos six représentants, par 52,678 suffra-

---

M. Gambetta que je n'ai point faite, et elle me prête, à cette occasion, sur M. de Bismarck et sur la paix des discours que je n'ai point tenus.

« Il est vrai, du reste, qu'avec presque tous mes amis politiques, je déplore comme un grand malheur, et pour la défense du pays et pour l'établissement de la République, que la représentation nationale n'ait pas été convoquée le lendemain de la chute de l'Empire, et que pour des raisons secondaires elle ait été ajournée indéfiniment.

« Je suis de ceux qui ont foi dans le principe républicain et qui ne croient pas qu'en face des difficultés et des périls il faille le voiler. Je suis plein de confiance dans le gouvernement du pays par lui-même, je n'en ai point dans la dictature, et je ne reconnais qu'à la nation le droit de disposer de ses destinées.

« Je vous prie de vouloir bien publier cette rectification que j'ai adressée déjà aux journaux qui, comme le vôtre, ont reproduit en tout ou partie l'article de l'*Indépendance belge*.

« Agréez, etc.

« Jules **GRÉVY**. »

(1) Voici une autre lettre de M. Grévy adressée au *Progrès, de Lyon :*

« Mont-sous-Vaudrey (Jura), 6 janvier 1871.

« A Monsieur Eugène Véron.

« Monsieur,

« Dans un article que je trouve reproduit par le *Républicain du Jura*, vous dites qu'après la trahison de Bazaine, j'ai prononcé ces paroles : *Maintenant nous n'avons plus qu'à courber le dos*. Vous êtes mal renseigné, Monsieur, je n'ai point tenu ce propos.

« Vous ajoutez que, si je suis partisan d'une représentation nationale, c'est pour faire la paix, même au prix de l'Alsace et de la Lorraine. Cette seconde assertion n'est pas plus vraie que la première. J'ai exprimé publiquement les motifs de mon

ges. Elu en même temps dans les Bouches-du-Rhône, par 51,164 voix, il opta pour notre département.

L'Assemblée nationale, réunie à Bordeaux, l'éleva, à la presque unanimité, au fauteuil de la présidence (séance du 16 février 1871). Le même jour, le nouveau président déposa, de concert avec M. Dufaure et quelques autres de ses collègues, une proposition ayant pour objet de nommer M. Thiers chef du pouvoir exécutif de la République française. Cette proposition réunit le lendemain une immense majorité.

Ainsi se trouva réalisé en partie, après vingt-trois ans, l'*amendement Grévy*, présenté à l'Assemblée constituante en 1848, et dont le rejet nous valut le Deux-Décembre et dix-huit années d'Empire lugubrement couronnées par l'invasion prussienne et le démembrement de la patrie.

La France accueillit avec faveur l'élection de M. Grévy à la présidence de l'Assemblée. Toute la presse constata que les représentants n'auraient su faire un meilleur choix. Un journal bonapartiste, le *Pays*, n'hésita pas à reconnaître que le nouveau président était essentiellement l'homme de la situation, parce

---

opinion; vous auriez pu les discuter, vous avez préféré m'en prêter gratuitement d'autres.

« Du reste, vos arrêts sont sans appel: il est évident que ceux qui s'obstinent à ne pas préférer, pour la défense du pays et pour la fondation de la République, une dictature et un gouvernement personnel à une représentation de la nation elle-même, et qui refusent d'admettre qu'on puisse disposer des plus grands intérêts d'un peuple sans son consentement et sans son concours, ne sont pas républicains; et puisque c'est vous, Monsieur, qui dispensez les brevets de républicanisme, vous faites bien de leur retirer ceux qu'ils ont usurpés.

« Agréez, etc. « Jules GRÉVY. »

qu'il avait sur ses collègues l'influence voulue pour conduire à bien les discussions et prévenir les orages parlementaires. Un organe orléaniste, le *Français*, qui depuis... lui consacra à cette occasion une biographie très-élogieuse et très-sympathique. Une autre feuille conservatrice s'exprima ainsi :

« Dans un milieu politique aussi violemment secoué que le nôtre, dans une Assemblée qui n'est pas habituée aux pratiques parlementaires et qui doit être naturellement portée aux exagérations, M. Grévy, par la droiture de son passé politique et par la modération de son langage et de ses actes, est appelé à rendre les plus grands services, comme un arbitre impartial et tout dévoué au pays. Nous voyons arriver bien des luttes passionnées, bien des discussions ardentes, bien des débats qui mettront en jeu les intérêts les plus graves. La voix du président saura mettre au-dessus de ces rivalités de partis l'intérêt souverain de la France. »

Pendant les deux années que notre éminent compatriote présida l'Assemblée nationale, il sut être constamment à la hauteur du rôle délicat d'exercer une impartiale discipline au milieu des rivalités des partis ; son sang-froid, son équité ne se sont pas démentis un seul jour. Dominant d'un front calme et sévère les orages déchaînés au pied de la tribune, arrêtant d'un mot, d'un geste, l'explosion de ces scènes violentes qui abaissent la dignité et l'autorité d'un Parlement, M. Grévy maintint toujours, avec autant d'impartialité que de fermeté, la liberté de la parole et le respect de la tribune.

« M. Grévy préside avec une impartialité fine et froide, nous écrivait de Paris un jurassien, au mois de mai 1871. Il ne trouble pas, comme faisait M. Dupin, les orateurs de ses lazzis et n'égaie pas la Chambre à leurs dépens ; mais ses yeux et sa bouche ont un sourire moqueur qui serait capable de former le goût d'une Assemblée en lui faisant connaître celui de son président. Quelquefois il l'invite à la patience par une attitude résignée. C'est là, je trouve, le trait le plus nouveau de cette présidence. Elle est aussi républicainement honnête, ne sert aucune passion, n'en exprime aucune, n'escamote rien... Il y aurait pour un écrivain un beau et intéressant portrait à faire du président de l'Assemblée nationale. M. Grévy personnifie la présidence sous la République, comme M. de Morny la personnifiait sous l'Empire. »

Ajoutons à ces lignes le portrait suivant, emprunté aux « Photographies versaillaises » du *National* :

« Comme président, M. Grévy rompit avec toutes les traditions parlementaires. Jamais le plus petit mot pour rire. Tous ses prédécesseurs du règne de Louis-Philippe tempéraient l'aridité des discussions par des volées de calembours. En ces temps fabuleux, Sauzet succédait à Dupin ; en 1848, Armand Marast, s'il ne sacrifiait pas au jeu des mots, se permettait des réflexions plaisantes; Morny, sous l'Empire, avait toujours quelque fine répartie sur le bout de la langue. M. Grévy fut la majesté en personne.

« Le tambour battait. Ran-tan-plan. C'était le moment où le président montait au fauteuil. Du fond de la scène, un homme noir apparaissait. L'âge avait fait son œuvre depuis le dépôt de la proposition ; les arêtes du visage avaient disparu sous une légère couche de graisse ; la figure avait pris du ventre, mais cette rotondité orientale donnait de l'ampleur au personnage. Il tenait son chapeau à la main, ce chapeau qui allait peut-être jouer dans la séance le rôle du trident de Neptune. Une fois assis au fauteuil, il prenait, en attendant l'arrivée des députés, cet éternel journal que tout président trouve toujours sur son bureau, et qui lui sert moins à lire qu'à se donner une contenance. Quand les banquettes étaient garnies d'un nombre suffisant d'honorables, un coup de sonnette, vif et sec, trois notes au plus. Lecture du procès-verbal par un de messieurs les secrétaires. Après quoi, M. Grévy se levait avec la dignité d'un consul, pour lire le menu du festin.

« Il n'a pas de tics. Un caricaturiste aurait eu de la peine à saisir le côté plaisant de cette physionomie toujours au repos, même quand elle s'illuminait un peu. Pas le moindre soubresaut de paroles, même dans le rappel à l'ordre infligé à un collègue. Il disait à un interrupteur : « Vous n'avez pas la parole » du même ton qu'il disait : « La parole est à M. le Président de la République. » Et cette tonalité toujours égale n'avait pas peu contribué à lui donner sur tous les partis l'autorité nécessaire à son rôle.

« J'ai fait cette remarque que, si à la fin de chaque séance on avait relevé les rappels à l'ordre, il y en aurait eu juste autant au compte de l'extrême gauche qu'au compte de l'extrême droite La balance était tenue avec l'impartialité de ces lignes symboliques peintes ou sculptées qui représentent la Justice. »

Quelques traits encore pour donner tout son relief à la physionomie du président de l'Assemblée nationale.

Dans la séance du 17 février 1871, en prenant place pour la première fois au fauteuil présidentiel, il remercia ses collègues en ces termes :

« Mes chers collègues, en me confiant la présidence de cette Assemblée, qui tient dans ses mains les destinées de la France, et qui, dans le deuil et le péril de la patrie, saura s'élever, par un concert patriotique, à la hauteur d'une telle mission, vous m'avez fait un grand honneur et vous m'avez imposé une grande tâche.

« J'y consacrerai tout ce que j'ai de forces, d'impartialité et de dévouement, et si, avec votre bienveillant concours, je parviens à l'accomplir dignement, ce sera le meilleur moyen de vous témoigner ma gratitude. »

Écoutons maintenant l'éloquente protestation qu'au nom de l'Assemblée, il lança contre la Commune :

« Messieurs, il semblait que les malheurs de la patrie fussent au comble ; une criminelle insurrection, qu'aucun grief plausible, qu'aucun prétexte spécieux ne saurait atténuer, vient de les aggraver encore.

« Un gouvernement factieux se dresse en face de la souveraineté nationale, dont vous êtes seuls les légitimes représentants. Vous saurez vous élever avec courage et dignité à la hauteur des grands devoirs qu'une telle situation vous impose.

« Que la nation reste calme et confiante, qu'elle se serre autour de ses élus ; la force restera au droit.

« La représentation nationale saura se faire respecter et accomplir imperturbablement sa mission, en pansant les plaies de la France et en assurant le maintien de la République, malgré ceux qui la compromettent par les crimes qu'ils commettent en son nom (*séance du 20 mars 1871*). »

Elu neuf fois de suite président de l'Assemblée (1), M. Grévy donna et maintint sa démission à la suite d'un incident qui ne brillera pas dans nos fastes parlementaires.

La coalition des partis monarchiques, acharnée à renverser M. Thiers, voyait en M. Grévy la personnification d'une République trop pure, trop pleine de justice et de raison, pour n'en être pas à la fois jalouse et inquiète. Accentuant ses abstentions à chaque nouveau scrutin sur le choix du président, elle prétendit infliger une sorte de blâme moral à l'honorable député du Jura. La loyauté d'un caractère ne laissant nulle prise aux attaques passionnées et aux haines envieuses ne pouvait pas accepter, quelque déguisée qu'elle fût, l'hostilité d'une partie de l'Assemblée. Ce sourd antagonisme fut pour M. Grévy la cause déterminante d'une retraite

---

(1) Votes obtenus par M. Grévy pour la présidence de l'Assemblée de 1871 à 1873 :

Le 16 février 1871 :	519	voix sur	536	votants.
Le 16 mai 1871 :	506	—	520	—
Le 16 août 1871 :	461	—	468	—
Le 5 décembre 1871 :	511	—	525	—
Le 5 mars 1872 :	494	—	537	—
Le 5 juin 1872 :	459	—	476	—
Le 12 décembre 1872 :	462	—	505	—
Le 12 février 1873 :	421	—	527	—
Le 2 avril 1873 :	349	—	593	—

dont l'incident Grammont fut l'occasion (*séance du 1er avril 1873*).

Dans son ouvrage sur le *Gouvernement de M. Thiers,* M. Jules Simon a écrit à ce sujet les lignes suivantes :

« La présence de M. Grévy au fauteuil contrariait vivement les membres de la droite. On ne pouvait songer ni à le gagner, ni à le tromper, ni à le braver. C'était un républicain de la veille et de l'avant-veille, aux idées très-arrêtées et aux résolutions inflexibles sous une apparence calme. Il savait toujours où il était et où il allait ; il n'y avait dans toute sa vie ni une bravade ni une reculade, ni même une distraction. Sous Louis-Philippe, sous la première République, sous l'Empire, au barreau, à la Chambre, dans les séances, dans les commissions, dans les conversations, partout et toujours il avait été le même. Quoique fidèle à ses amis, il était encore plus fidèle à ses idées, ce qui est la plus rare des qualités en politique. Il paraissait n'avoir aucune ambition ; en tout cas, s'il en avait une, il était clair qu'il ne ferait jamais un pas hors de son chemin pour la satisfaire. Il était né pour être président, parce qu'il voyait vite, avec sagacité, avec sûreté, et ne perdait jamais le sang-froid. Il fallait remonter jusqu'à Royer-Collard pour trouver un président ayant autant d'autorité et de dignité. »

La démission de notre éminent compatriote n'a donc été ni un froissement d'amour-propre ni une susceptibilité mal entendue. Les coteries monarchiques, se sentant en force et préparant de longue main le 24 Mai, eussent voulu que le président de l'Assemblée se fît lui-même le promoteur des plus violentes mesures contre la République, des plus insensées tentatives de restauration.

Il répugna à se prêter à un semblable rôle et résigna ses hautes fonctions pour ne pas couvrir en quelque sorte de son patronage et de sa direction présidentielle les intrigues d'une majorité réactionnaire.

Une feuille bonapartiste, qu'on n'accusera pas de partialité à l'égard du président démissionnaire, *Paris-Journal*, se fit, en ces termes, l'écho de sympathiques regrets, au moment même de l'incident de Grammont :

« Si nous étions anti-républicains à la façon dont la plupart des républicains sont antimonarchistes, nous nous réjouirions de l'incident qui va sans doute priver l'Assemblée du président qui dirigeait ses délibérations depuis Bordeaux.

« Patriotes avant tout, respectueux pour les hommes rares qui se sont respectés eux-mêmes au milieu de la débâcle des caractères qui est une des plaies de temps-ci, nous nous affligeons de la retraite trop probable de M. Grévy.

« Républicain comme on n'en voit guère en notre époque et en notre pays, M. Grévy, nous ne l'oublierons jamais, s'est montré, au 4 septembre, seul ou presque seul parmi les gens de son parti, occupé du pays, non de lui-même, dévoué serviteur de la loi, esclave du devoir....

« Tel fut M. Grévy en ces jours néfastes qui sont l'épreuve décisive des caractères. Quels qu'aient été les derniers incidents de sa présidence, nous aurions souhaité qne le souvenir de sa conduite si digne, si élevée, si patriotique au milieu des crises suprêmes, dominât certaines impressions plus récentes dont on ne peut cependant méconnaître la légitimité. »

M. Grévy eut pour successeur M Buffet. Voici l'appréciation du *Temps* sur ce changement de présidence :

« Si j'avais à définir le gouvernement de M. Thiers ainsi que la présidence parlementaire de M. Grévy, je dirais que le principe de l'un et de l'autre était le besoin de conciliation et le respect de la minorité.

« L'un et l'autre s'étaient pénétrés de l'esprit propre à leurs hautes fonctions, s'élevant au-dessus des considérations de parti, se regardant comme les représentants, non pas d'une opinion, mais de l'Assemblée ou du pays tout entier. M. Grévy, en particulier, se faisait un point d'honneur de protéger les droits de la tribune, quel que fût celui qui l'occupât, les droits de la minorité, de quelque côté qu'elle se trouvât. Tout cela est changé aujourd'hui.

« Par malheur, le président, M. Buffet, qui est assurément un homme d'un grand mérite, n'a pas à un degré suffisant le sentiment de l'impartialité. Il a trop porté au fauteuil les distinctions familières à ses amis politiques. Pour lui comme pour le duc de Broglie, la droite est le parti des honnêtes gens, et la gauche... la gauche est le contraire. De là une tendance à la morigéner, à la rappeler à l'ordre, à lui mesurer la parole. Le président actuel de l'Assemblée et le cabinet ont conçu leur tâche de la même manière, et d'une manière fort différente de celle de leurs prédécesseurs. »

Rentré sur les bancs de la gauche républicaine, fort de l'estime et de la considération publique, M. Grévy suivit avec inquiétude les progrès de la coalition réactionnaire résolue, comme on sait, à saisir la première occasion de renverser M. Thiers et de tenter une restauration monarchique. Il redoutait avec raison pour l'avenir des institutions républicaines les imprudences, les erreurs des intransigeants qui, fermant les yeux sur la situation plus que difficile, dangereuse, où se trouvait le Gouvernement vis-à-vis d'une majorité parlementaire ouvertement hostile, prétendait donner des conseils et infliger des leçons au chef du pouvoir. Aussi, lors des élections du 28 avril 1873, il n'hésita pas à publier la déclaration suivante en faveur de la candidature gouvernementale de M. de Rémusat, à Paris :

« Au point de vue de l'affermissement de la République, la candidature de M. Barodet est une grande faute. Dans la situation difficile que lui font les partis dans l'Assemblée, le Gouvernement a besoin qu'on lui donne de la force contre les ennemis de la République, et non un avertissement qui ne serait pour lui qu'un échec et un affaiblissement plein de périls.

« Il est d'ailleurs souverainement impolitique lorsque le pays, se dégageant de ses longues préventions, vient enfin à la forme de gouvernement appropriée à son état social, la seule qui puisse fermer l'ère de ses révolutions et lui restituer, avec l'ordre, la paix et la liberté, sa prospérité et sa grandeur, de fournir des prétextes à ceux qui cherchent à l'effrayer pour le faire reculer encore une fois. »

Les électeurs parisiens n'écoutèrent pas ces paroles et élurent M. Barodet. Moins d'un mois après, M. Thiers, ébranlé par l'insuccès de la candidature de M. de Rémusat, était renversé du pouvoir, et avec le 24 Mai, la réaction s'emparait des destinées du pays.

Au moment M Grévy quitta le fauteuil de la présidence, la presse répéta à l'envi qu'il allait se poser en chef actif de la gauche et grouper autour de son nom sympathique les républicains de toutes les nuances. « De là quelques déceptions, dit un de ses biographes; on s'est étonné alors de la réserve gardée pendant plusieurs mois par le député du Jura; on a voulu y voir une sorte de défiance envers la fortune de son parti, une sorte de retraite déguisée. Ceux qui ont jugé ainsi la conduite de M. Grévy se sont trompés étrangement ; ils n'ont pas compris la nature intime de cet homme dont toute la force consiste dans le cours continu, rectiligne, immuable, d'un seul principe et d'une volonté unique. M. Grévy cesserait d'être lui-même le jour où il aurait, par politique, par calcul accidentel, une demi-déviation ou une demi-hésitation troublant l'uniforme et placide allure de sa marche réglée, mais incessante. Tout son art (si tant est que ce mot puisse décemment lui être appliqué) consiste précisément dans ce rare équilibre de toutes ses facultés qui procèdent toujours d'un mouvement aussi égal que celui des oscillations d'un pendule autour du point de suspension; il n'avance ni ne retarde ; il suit correctement, régulièrement, sans secousses ni efforts, son impusion première ; s'il semble précipiter ou contenir sa marche, regardez de plus près, vous constaterez qu'il est demeuré le même, mais que les pulsations de l'opinion publique se sont accélérées ou ralenties tandis qu'il poursuivait ses battements toujours uniformes. Qu'on nous pardonne cette comparaison : si nous voulions savoir exactement où en est le cours vrai du cadran politique, c'est vers lui que nous tournerions nos regards (1). »

On l'accusait de silence systématique, de retraite prudente et timide ; une brochure célèbre vint donner le plus éclatant démenti à ces injustes reproches. *Le Gouvernement nécessaire* (2) est la profession de foi d'un homme d'Etat qui croit à la République et à la République seule, sans passion, sans entraînement, avec une conviction profonde basée sur la logique des principes et sur la logique des événements.

Le grand fait politique et social d'où la République résulte comme « gouvernement nécessaire, » c'est, dit M. Grévy, l'évolution continue, « providentielle, » qui entraîne les peuples vers la démocratie.

« Ce grand mouvement social est ancien, continu, universel, irrésistible ; il vient de trop loin et de trop haut pour qu'on puisse l'arrêter, et ceux qui tenteront encore de le faire seront brisés comme ceux qui l'ont essayé avant eux, comme l'ont été depuis la fin du siècle dernier tous nos gouvernements, parce qu'au lieu d'accepter la démocratie et

(1) E. Sorin, *Jules Grévy*, p. 149-150.

(2) Jules Grévy, *Le Gouvernement nécessaire*. Paris, A. Le Chevalier, 1873, brochure in-8°, de 48 pages.

de l'organiser, ils n'ont songé qu'à la repousser ou à l'asservir.

« Nous avons eu depuis quatre-vingts ans huit gouvernements détruits par des révolutions violentes. Arrêtons un instant notre attention sur ce fait unique dans l'histoire ; car aucun peuple, à aucune époque, ne présente ce phénomène surprenant de huit gouvernements élevés et abattus en moins d'un siècle. Quelle est la cause de si fréquents bouleversements et d'une instabilité si extraordinaire ? Je sais que chacun, selon son point de vue, peut apporter son explication ; mais l'histoire dira que la cause de tant de révolutions, c'est que la France est devenue depuis quatre-vingts ans une pure démocratie, et que, depuis quatre-vingts ans, elle n'a pu se constituer démocratiquement ; c'est qu'au lieu de donner à cette démocratie toute-puissante la seule institution qu'elle pût supporter, on s'est opiniâtré à édifier contre elle, pour la refouler et la contenir, des gouvernements dont elle était proscrite, digues impuissantes qui n'ont duré que le temps nécessaire au flot démocratique pour monter et les rompre.

« Etrange et douloureux spectacle ! Depuis bientôt un siècle, la France s'épuise en vains efforts pour sortir des convulsions dans lesquelles elle s'affaisse, et pour achever l'évolution rendue nécessaire par sa transformation sociale. La démocratie a pris possession de la société française, elle en a banni tous les privilèges, elle s'y est établie sans partage, elle a détruit tous les gouvernements qu'on lui a opposés, et elle n'a pu parvenir encore à constituer le sien ! Le tort en est, sans doute, à son inexpérience et à ses fautes, à ses excès et à ses emportements surexcités par les obstacles ; mais le tort en est surtout à ceux qui n'ont pas voulu l'admettre et l'organiser dans l'Etat.

« Les uns, sans tenir compte de son avénement, ont tenté de retourner en arrière, comme si l'on remontait le passé.

« Les autres ont dressé contre elle des échafaudages défectueux et sans bases qui se sont écroulés sous son effort.

« D'autres ont cru pouvoir la soumettre en la trompant, comme si l'on pouvait tromper toujours.

« Tous ont péri à l'œuvre, tous ont été emportés par le grand courant social qu'ils ont voulu arrêter, et seront emportés comme eux tous ceux qui, après l'exemple de tant de naufrages, ne craindront pas de reprendre cette tâche surhumaine...

« Nous voici encore une fois revenus au point de départ : nous allons doter la France d'un neuvième gouvernement.

« Relèverons-nous contre la démocratie une de ces faibles barrières qu'elle a si souvent renversées ? ou, sortant de ce cercle fatal, fonderons-nous enfin le gouvernement républicain ?

« Organiser la démocratie ou continuer à lutter contre elle ; sortir des révolutions ou y rentrer au risque d'y périr, telle est la question qui se dresse devant nous. »

M. Grévy repousse, avec une patriotique indignation, la révolution nouvelle dont les partis monarchiques menaçaient alors la France ; puis il ajoute :

« Quand on songe aux suites du renversement de la République par une nouvelle restauration, aux émotions intestines, aux périls extérieurs, au retour offensif de la volonté nationale méprisée, au renouvellement fatal du vieux duel entre la démocratie et la monarchie si souvent vaincue, à la nouvelle révolution qui en serait l'inévitable issue, et dont tant de causes pourraient aggraver le caractère, on est confondu de l'aveuglement des partis qui jouent avec tant de témérité, contre un triomphe d'un jour, le repos et peut-être les destinées de la France! »

Mais il ne croit pas que cette suprême épreuve nous soit réservée, et que l'on réussisse, quelque opiniâtreté qu'on y mette, à « exhumer, au mépris du droit et de la volonté de la nation, un régime dont la génération de 1830 a salué la chute comme une délivrance. »

Nous en reviendrons à la République, ce « Gouvernement nécessaire de notre pays et de notre temps. »

« Quel autre gouvernement fut mis jamais à une plus formidable épreuve dans des conditions plus désavantageuses? Provisoire, — on ne le lui a pas laissé oublier un seul jour, — privé partant de ce qui fait la force des gouvernements, la sécurité du lendemain; dépourvu de ses organes et réduit en quelque sorte à un état rudimentaire; attaqué à l'envi dans son principe et son existence par trois compétiteurs accourus pour prendre sa place; souffert impatiemment par une partie de l'Assemblée qui, en s'en servant, craignait de l'affermir, le Gouvernement républicain a eu à soutenir une épouvantable guerre civile, à rétablir l'ordre profondément troublé, à refaire le crédit, les finances, l'administration, l'armée, à libérer le territoire, à relever enfin la France aux yeux de l'Europe et aux siens propres.

« Quel autre gouvernement se fût montré, comme il a fait, à la hauteur d'une telle tâche? Quel autre s'est offert pour la prendre à sa place? A quelle partie de cette tâche s'est-il trouvé inférieur? Il a étonné le monde par la puissance et la rapidité de son action réparatrice. Que lui manque-t-il enfin pour ramener la confiance et avec elle la prospérité? Une seule chose, cesser d'être provisoire et menacé. »

Voici la conclusion de cette brochure — honorée de l'interdiction par le Gouvernement du 24 mai :

« Si je jette un regard sur la route que je viens de parcourir, je vois la grande révolution du monde moderne, sa force irrésistible, la France, graduellement transformée, aujourd'hui devenue une pure démocratie ; son intelligence de la grande loi du gouvernement représentatif si bien comprise par l'Angleterre et les Etats-Unis ; sa première faute de n'avoir pas su fonder la monarchie constitutionnelle quand elle en avait les éléments ; sa seconde faute d'avoir voulu l'établir lorsqu'elle ne les avait plus ; son obstination funeste à opposer depuis 80 ans, à la démocratie, des gouvernements qu'elle n'a pu supporter; la nécessité pour elle d'organiser enfin le gouvernement approprié à l'état social que le temps lui a fait, sous peine de rouler de révolution en révolution jusqu'à l'abîme ; l'impuissance des partis monarchiques ; les titres que le Gouvernement républicain s'est acquis à la confiance du pays ; les redoutables événements dont son renversement serait le signal.

« Ainsi, pour sortir de la région des orages, il ne s'ouvre pas deux routes devant nous ; toute restauration monarchique ne serait encore qu'une halte entre deux tempêtes : c'est dans la République seule que nous trouverons le port. »

Parmi les appréciations de la presse sur ce manifeste, nous n'en citerons qu'une, tout particulièrement remarquable, celle du *Temps* :

« La brochure que M. Grévy vient de publier sur le *Gouvernement nécessaire* contraste par la sérénité du ton, par le calme des déductions historiques et philosophiques, avec les polémiques ardentes auxquelles nous sommes voués depuis quelque temps. Elle est moins l'œuvre d'un polémiste militant, préoccupé d'agir sur les partis par une argumentation pressante et passionnée, que l'œuvre d'un sage qui voit les choses de haut, cherche la loi sous les faits et signale consciencieusement à autrui la voie que sa raison lui montre la meilleure. De là, une froideur apparente, une sorte d'impassibilité ; mais ce n'est en réalité que l'attitude tranquille et confiante de l'homme qui sait la bonté de sa cause et ne craint rien pour son succès. »

Au mois de novembre 1873, lors de la discussion qui eut lieu à la Chambre au sujet de la prorogation des pouvoirs du maréchal de Mac-Mahon, notre honorable député combattit cette anomalie équivoque dans deux discours pleins de logique, de netteté et de bon sens (séances des 5 et 19 novembre 1873).

Il termina ainsi le premier :

« Conférer un pouvoir provisoire pour un temps où vous ne serez plus, c'est excéder votre droit, c'est vouloir faire ce que vous ne pouvez faire valablement.

« Si vous le faites, si vous instituez de fait un pouvoir aussi irrégulier, vous procéderez comme on fait en temps de révolution : ce pouvoir sera nul de soi.

« Vous vous placez dans le fait, je me place dans le droit, et tôt ou tard il faudra y revenir.

« Si vous conférez un pouvoir que vous n'avez pas le droit de conférer, ce pouvoir sera nul, il ne sera respecté ni par la nation ni par vos successeurs.

« Et M. le vice-président du conseil trouve que l'examen de pareilles questions ne vaut pas qu'on s'y arrête avec maturité ! quand on vous propose d'engager le pays dans une pareille voie, de constituer un pouvoir qui, avec les lois qu'on nous annonce, ne sera autre chose qu'une dictature, un pouvoir extra-légal, et, par conséquent, révolutionnaire !

« Oui, le jour où l'Assemblée se sera retirée, ce pouvoir, s'il n'est pas devenu définitif par le vote d'une Constitution qui en aura réglé la transmission, s'il persiste à conserver son caractère primitif et prétend vous survivre, sera un pouvoir illégal et révolutionnaire... »

Dans son second discours, M. Grévy définit la souveraineté de l'Assemblée, et établit qu'elle n'a pas le droit de créer le pouvoir qu'on lui propose d'organiser. Après avoir constaté qu'une majorité instable est impuissante à rien constituer, l'orateur examine successivement le but le caractère et les effets de la prorogation : c'est le maintien d'un régime provisoire, mal défini, qui inquiète et tue le pays.

« Vous voulez la monarchie et vous ne pouvez pas la faire ; vous pouvez faire la République et vous ne le voulez pas ; voilà pourquoi vous ne voulez point sortir du provisoire pour entrer dans le définitif.

« Mais le pays, lui, a soif du définitif, le pays meurt du provisoire. M. le président de la République l'a dit dans son message, tous les orateurs l'ont répété, et le pays tout entier vous le crie par toutes ses voix.

« Cependant on ne veut pas faire le définitif, mais on ne peut l'avouer au pays, on ne peut lui dire : Je veux te tenir indéfiniment dans un provisoire où tu péris. Quel langage lui tient-on ? On lui dit : Nous allons faire quelque chose qui sera un gouvernement fort et stable qui te donnera sept ans de repos et de prospérité.

« On se trompe ; je ne dis pas qu'on trompe le pays ; on se trompe, on ne change rien à la situation actuelle, absolument rien ; on reste dans le provisoire, et on en diminue plus qu'on n'en augmente la force et la stabilité.....

« J'ai la conviction profonde, et voulez-vous me permettre d'ajouter, cette conviction est celle de la grande majorité des membres de cette Assemblée, — que le pays veut la République. S'il ne la voulait pas, il y a longtemps que nous serions retournés devant lui...

« Que signifient toutes ces élections qui se font dans les départements les plus conservateur, élections qui toutes, par leur caractère et leur signification, sont une manifestation de l'institution républicaine ? Toutes les manifestations qui ont été permises au pays depuis trois ans n'ont-elles pas toujours été une revendication énergique et persistante de la République ?....

« Je ne conteste point à mes collègues le droit d'avoir une conviction sur une forme de gouvernement et de ne pas se rattacher à la forme contraire ; ils sont dans leur droit. Mais où leur droit s'arrête, je leur demande la permission de le leur dire, c'est lorsque, ne pouvant réaliser le gouvernement de leur prédilection, ils ne veulent pas permettre à la nation d'affermir le gouvernement de la sienne.

« Voilà la situation, Messieurs, je vous demande pardon de vous parler avec cette franchise : on n'en saurait trop mettre dans un débat de cette nature.

« Il n'y a rien d'hostile dans ma pensée, mais non plus il n'y a rien de dissimulé.

« La France veut la République, elle peut la faire, et vous ne le voulez pas ; elle ne veut pas la monarchie, vous voulez la faire, et vous ne le pouvez pas...

« Vous ne pouvez prolonger indéfiniment une telle situation. Une Assemblée qui, à raison de ses divisions, ne peut constituer un Gouvernement et dont une moitié neutralise l'autre, combien de temps cela peut-il durer ? Et quand cette situation se caractérise par tant de souffrances et de périls, quand la vie s'arrête dans toutes les branches de la production nationale, quand la détresse et l'inquiétude sont partout, quand la nation est livrée aux conspirations et aux déchirements des partis ; quand des prétendants rivaux, qui convoitent le pouvoir, affichent hautement leurs prétentions, attaquent le pouvoir existant et répandent dans le pays, chacun de son côté, des doctrines, des principes, des passions qui le jettent dans le désordre et la confusion, avec la révolution en perspective, cette situation peut-elle durer ?

« Non ! Et vous le savez si bien que votre proposition a pour objet, non de la changer mais de la voiler... Votre proposition a pour objet de voiler le provisoire, de le continuer sans le dire, ou en disant qu'on fait autre chose que du provisoire, et cela pour vous réserver l'occasion et les moyens qui peuvent se présenter de faire plus tard le Gouvernement que vous ne pouvez instituer aujourd'hui...

« Vous avez essayé la monarchie, vous l'avez fait dans votre droit et dans votre loyauté. Je vous aurais contesté ici le pouvoir de disposer de la souveraineté nationale ; mais vos principes sont différents des miens, vous agissiez dans votre droit et dans vos convictions. Vous avez échoué, faites place à d'autres. Vous ne pouvez pas rester ici indéfiniment pour attendre les occasions...

« Votre devoir est de faire place à une autre Assemblée... Votre proposition, c'est la prolongation du provisoire avec ses dangers, ses souffrances, et, à l'horizon, le conflit, la révolution.

« Que ceux qui veulent rentrer dans la révolution par cette porte et y entraîner la France avec eux, le fassent à leurs risques et périls et sous leur responsabilité devant le pays. Pour moi je proteste par ma parole et je protesterai par mon vote contre une institution qui est une usurpation grosse de périls et de calamités. »

Les applaudissements de la gauche et du centre gauche qui accueillirent l'orateur quand il descendit de la tribune n'empêchèrent pas la majorité de voter le septennat ; 378 voix contre 310 consacrèrent une fois encore le provisoire et l'incertain (20 novembre 1873).

Après avoir combattu l'expédient médiocre du septennat, M. Grévy dut, par cela même, s'abstenir de prendre part au vote de la Constitution du 25 février 1875. Son inflexible logique lui défendit de sanctionner pour sa part un nouvel état de choses qui avait précisément pour base la prorogation des pouvoirs constitutionnels du maréchal de Mac-Mahon. Le 25 février, il resta donc dans les hauteurs du droit et de la justice, refusant d'admettre l'ombre même d'un compromis pour fonder la République. Un sentiment louable à coup sûr décida une majorité républicaine recrutée à grande peine sur les divers bancs de l'Assemblée à s'engager, au détriment des principes, dans la voie des concessions, et à inaugurer adroitement la politique de l'opportunisme, en acceptant une Constitution bâtarde, mal venue, comme pis aller et dans l'attente d'une solution meilleure. Nous n'avons pas critiqué alors nous ne critiquerons pas aujourd'hui cet acte d'habile transaction ; cependant il est une chose que nous mettons au-dessus de l'habileté, c'est la loyauté, c'est l'invincible fermeté de principes de notre éminent compatriote. L'auteur de *l'amendement Grévy* devait à son passé et au pays ce grand et salutaire exemple d'une conviction que rien n'entame et qui s'affirme dans les circonstances les plus critiques sans forfanterie mais sans faiblesse.

En poursuivant cette étude, nous voyons M. Grévy refuser, au mois de septembre 1874, la candidature au Conseil général du Jura, qui lui était offerte dans le canton de Dole (1); puis, prendre la parole à l'Assemblée pour défendre les intérêts du Jura, dans le cours de la discussion du projet de loi relatif à la déclaration d'utilité publique de plusieurs chemins de fer — en particulier celui de Dijon à Bourg — et à la concession de ces chemins de fer à la compagnie de Paris Lyon-Méditerranée.

Le projet de loi soumis à la Chambre comportait un tracé « de Dijon à la ligne de Bourg à Lons-le-Saunier, près Saint-Amour, par ou près Saint-Jean-de-Losne, avec raccordement par rails à la voie d'eau. » Un semblable tracé laissait à peu près complétement de côté le Jura, et au point de vue général, soulevait plus d'une grave objection. Les six députés de notre département — MM. Grévy,

---

(1) Il écrivit à cette occasion la lettre suivante à M. le docteur Lombard, conseiller sortant de ce canton :

Mont-sous-Vaudrey, 20 septembre 1874.

« Mon cher docteur,

« ... Mon intention n'a jamais pu être de me présenter aux « élections pour le Conseil général en concurrence avec vous. « Vous y représentez l'opinion républicaine, et les services que « vous y avez rendus sont de nouveaux titres auprès de vos « électeurs.

« Pour moi, d'ailleurs, qui ai toujours refusé d'être du Con« seil général, j'en ai aujourd'hui moins que jamais le temps « et le désir.....

« Jules Grévy. »

Tamisier, Thurel, Lamy et Gagneur — ne faillirent pas à leur devoir en cette circonstance ; ils déposèrent un amendement tendant à obtenir un tracé « de Dijon à Lons-le-Saunier, par ou près Saint-Jean-de-Losne, avec raccordement par rails à la voie d'eau et par Chaussin et Bletterans. » MM. Thurel, Grévy et Tamisier firent successivement valoir tous les arguments qui militaient en faveur de ce dernier projet (séance du 26 juin 1875). Les nombreuses et convaincantes raisons qu'ils invoquèrent, la conviction, la compétence qu'ils mirent à soutenir leur cause ne parvinrent pas à triompher du parti pris de l'Assemblée ; mais, si le succès ne couronna pas leurs communs efforts, du moins on put leur rendre cette justice, qu'ils avaient vaillamment combattu un ennemi sûr d'avance de la victoire.

M. Grévy prit part encore à la discussion du projet de loi portant fixation des circonscriptions électorales (séance du 18 décembre 1875).

Peu de temps après, quand l'Assemblée nationale se fut enfin décidée à résigner ses pouvoirs et qu'il s'agit d'inaugurer la nouvelle Constitution en procédant à l'élection, au second degré, d'un Sénat, M. Grévy, partisan de vieille date d'une Chambre unique, ne fit pas, sur ce point, fléchir ses principes, et refusa dans le Jura une candidature à laquelle il était tout naturellement désigné ; mais il n'hésita pas à venir patroner les noms de MM. Tamisier et Thurel dans la réunion des électeurs sénatoriaux qui eut lieu à Lons-le-Saunier la veille du scrutin du 30 janvier 1876. La sténographie n'a malheureusement pas recueilli l'admirable discours qu'il prononça à cette réunion. En voici à peu près le sens général :

« Vous connaissez, Messieurs les diverses candidatures qui se sont produites. Vous me permettrez de vous dire quelles considérations doivent, suivant moi, déterminer le vote que vous émettrez demain.

« L'Assemblée nous a donné une Constitution que j'aurais désirée plus parfaite ; mais cette Constitution organise la République et nous la devons défendre avec énergie. Nous devons la défendre non-seulement par ce qu'elle est la Loi, mais encore par ce qu'elle a établi en France le seul Gouvernement qui soit actuellement possible, le seul qui soit compatible avec le tempérament, les tendances, l'état social de la France.

« La République est seule possible. Ce fait n'a-t-il pas été constaté, il y a deux ans, d'une façon indiscutable ? Ne se rappelle-t-on pas l'échec éclatant de la suprême tentative essayée en octobre 1873 par les partis monarchiques pour ramener le gouvernement de leur vœux ? N'a-t-on pas vu alors ces partis, toujours si unis pour détruire, se montrer impuissants à rien fonder ?

« Cette Assemblée si monarchique n'a-t-elle pas été contrainte elle-même de s'incliner devant la nécessité et de faire un régime contraire à la monarchie ? Ces faits, plus forts que tous les raisonnements, puisqu'ils sont l'évidence, prouvent qu'aujourd'hui en France, un seul Gouvernement est possible, la République.

« Si j'avais le temps de développer devant vous des considérations historiques, combien cette nécessité apparaîtrait plus indiscutable encore! Nous avons eu, en moins de quatre-vingts ans, huit gouvernements successifs. — Pourquoi? — N'est-ce pas parce que notre pays n'avait pas trouvé les institutions qui conviennent à son état social actuel?

« Ce qu'on a essayé sous des formes et avec des familles diverses, c'est la monarchie. Ce système qui, comme une tutelle, peut être utile dans l'enfance des nations, a été imposé avec obstination à la France majeure et démocratique. Il y a deux cents ans l'heure eût été favorable à la monarchie constitutionnelle, comme elle le fut en Angleterre. On avait alors une famille à qui le droit de gouverner n'était pas contesté, une aristocratie en possession de privilèges, un tiers-état; mais l'autorité royale ne voulut rien céder de son absolutisme; la noblesse, bien différente de l'aristocratie politique de la Grande-Bretagne, n'apparut que dans les anti-chambres des cours et sur les champs de bataille. 1789 vint qui, en supprimant les droits du prince et de la noblesse, supprima les éléments même de la monarchie. Aujourd'hui que le grand principe de la souveraineté du peuple s'est élevé au-dessus de toute discussion, que l'égalité absolue de tous les citoyens devant la loi s'est introduite, enracinée indestructiblement dans nos mœurs, n'est-ce pas un véritable anachronisme que de songer à nous ramener la monarchie; la monarchie qui est la souveraineté d'un seul; la monarchie qui représente l'aliénation, au profit d'une famille, de cette puissance souveraine qui ne réside que dans la nation? — Lequel de vous, Messieurs, voudrait reconnaître qu'en un homme, qu'en une famille réside le droit de vous gouverner et de vous conduire ? Or, perpétuer dans un peuple ainsi transformé les institutions monarchiques, c'est rendre inévitables les convulsions politiques dont la France a souffert plus qu'aucune autre nation au monde, et dont elle pourrait mourir, car les peuples, comme les individus, épuisent dans des crises violentes leurs forces et leur vie.

« Ces maux doivent disparaître par l'avénement de la République. On a tenté d'établir sur ce mot des distinctions et des différences. Ce sont des difficultés de mots auxquelles j'oppose la simplicité des choses. La République est un état où le pays se gouverne par des mandataires librement élus.

« Partout où se trouve une nation faisant ses lois par une ou deux Chambres, et chargeant de les exécuter un pouvoir temporaire et électif, là se trouve la République.

« C'est ainsi, Messieurs, que les lois constitutionnelles l'ont organisée en France ; c'est ce qu'il s'agit de conserver et de défendre.

« Or pour garder la République, la première condition est d'avoir un Sénat républicain.

« Le Sénat, Messieurs, est un instrument indispensable au fonctionnement de la nouvelle Constitution. La Chambre des députés sera républicaine. Si le Sénat est hostile à la République, c'est la marche des affaires entravée, un conflit engagé entre les pouvoirs; et la suite ordinaire des conflits, Messieurs, c'est une révolution ou un coup d'Etat. Aussi le Sénat est-il l'espérance des ennemis de nos institutions, et c'est cette partie de la Constitution qui, dans leur pensée, servira à détruire la

Constitution elle-même. Car, Messieurs, la guerre contre la République n'est pas encore finie : elle commence, si le vote solennel de demain livre le Sénat à une majorité contraire à nos doctrines Elle est au contraire rendue pour jamais impossible si nous peuplons le Sénat d'hommes politiques résolus à maintenir le Gouvernement du pays par le pays.

« C'est ce que j'ai dit à M. Pasteur aujourd'hui, quand il m'a fait l'honneur de me rendre visite. J'ai reconnu que ses travaux scientifiques et son caractère étaient des titres au respect et à l'estime de tous, et je lui ai exprimé mon regret de n'avoir pas trouvé dans ses opinions politiques une fermeté suffisante. La science a sa place naturelle à l'Institut. Le Sénat est un corps politique, il peut devenir un champ de bataille ; ce dont nous avons besoin, c'est de soldats déterminés et sûrs. A quiconque veut y entrer, je demande : Que voulez-vous y défendre? Et si l'on ne s'engage qu'à soutenir un homme, ou à faire l'essai d'un régime de quatre années, sans vouloir se lier au-delà, je réponds : Cette politique, c'est l'incertitude, c'est l'équivoque.

« Les monarchistes, ceux que l'étude de l'histoire, tant de révolutions, la vue même de notre situation sociale, n'ont pas amenés à une conclusion précise, à une foi réfléchie et définitive, voudraient en vain offrir leurs irrésolutions comme un titre à représenter les volontés du pays. Et je ne comprends que deux sortes de candidats : les monarchistes, qui veulent entrer au Sénat pour détruire nos institutions ; les républicains, qui veulent entrer au Sénat pour défendre notre Gouvernement.

« Ce sont les républicains que notre pays aura la sagesse de choisir, et dont j'espère partout le succès. Je les désire sages, modérés, car sans la modération et la sagesse on ne fonde rien de durable, mais fermes et éprouvés. Voilà pourquoi je voterai et pourquoi je vous engage à voter pour *MM. Tamisier et Thurel* Je les connais de longue date. Depuis cinq ans nous avons combattu ensemble contre les tentatives monarchiques. Je me porte leur garant, s'il en était besoin ; vous leur donnerez demain vos suffrages ; et en usant ainsi des pouvoirs que la loi vous confie, vous aurez bien mérité de la République et de la France. »

Jamais nous n'oublierons l'impression que produisit ce discours sur l'auditoire auquel il s'adressait. Sur les six cent cinquante électeurs sénatoriaux appelés pour la première fois à pratiquer le suffrage au second degré, trois cent cinquante environ appartenaient au parti républicain; la réaction en comptait près de deux cents ; les douteux, les hésitants formaient le surplus. Plus de cinq cents électeurs assistaient à la réunion, présidée par M. Grévy. M. Lelièvre ouvrit la séance en exécutant la candidature de M. Paul Besson qui, piteusement, essaya une justification impossible. Un illustre savant jurassien, fourvoyé bien à tort dans cette galère électorale, M. Pasteur, succéda à M. Besson et vint à la tribune, tout chamarré de décorations étranges, lire un long manifeste où il se proclamait « le candidat de la science et de la vraie politique. » Après lui, MM. Tamisier et Thurel formulèrent leur loyale et vaillante profession de foi républicaine. Le troisième candidat réactionnaire, le général Picard, n'ayant pas répondu à l'appel de son nom, il restait au président à prendre à son tour la parole et, pour ainsi dire, à résumer les débats. Jusqu'alors, bien que le souffle des idées libérales animât une majorité imposante, l'auditoire était encore partagé. Si les discours de MM. Tamisier et Thurel furent chaudement accueillis, les explications embarrassées de M. Besson et l'apologie de M. Pasteur par M. Pasteur en personne avaient trouvé des admirateurs et même des applaudissements. Les douteux, les irrésolus, attendaient encore leur chemin de Damas, quand M. Grévy, quittant le fauteuil de la présidence, se dirigea vers la tribune improvisée. Dès les premiers mots, les indécis sont ralliés. La voix grave, sereine, de l'orateur relève son accent de conviction et d'autorité ; l'expérience, la sincérité, le bon sens, le patriotisme parlent par sa bouche le langage persuasif de la raison. Les républicains saluent d'acclamations cette mâle éloquence ; les réactionnaires, accablés, courbent la tête ; les hésitants, peu à peu gagnés, témoignent un vrai enthousiasme. Nous avons vu, de nos yeux, d'endurcis conservateurs, qui avaient crié bravo à MM. Besson et Pasteur, subitement frappés de la grâce et prodiguer de chaleureuses approbations à M. Grévy. Cet éclatant triomphe oratoire se traduisit, au scrutin du lendemain, par 446 voix données à M. Tamisier et 445 à M. Thurel, tandis que le général Picard eut peine à en réunir 183, M. Besson 153, et M. Pasteur 62 !

Aux élections pour la Chambre des députés,

qui suivirent celles du Sénat, M. Grévy se représenta devant ses fidèles électeurs de l'arrondissement de Dole. Il leur adressa à cette occasion la circulaire suivante, qui résume en excellents termes les traits principaux de sa vie politique, si noblement vouée à la défense des principes républicains :

« Mes chers concitoyens,

« Vous me connaissez depuis longtemps ; il y a vingt-huit ans que vous m'avez honoré pour la première fois d'un mandat législatif. Ce que j'étais alors, je le suis aujourd'hui : un homme d'ordre, de liberté et de progrès ; un républicain convaincu par l'histoire de nos quatre-vingts dernières années et par l'état démocratique de la société française, que la République est devenue le Gouvernement nécessaire de notre pays et de notre temps ; qu'elle seule peut aujourd'hui s'établir sur un fondement durable, mettre un terme aux révolutions qui nous épuisent, assurer à la France la satisfaction de tous ses besoins, l'ordre et le repos, les libertés civiles et politiques, le développement de l'instruction populaire, la prospérité, le progrès, et lui donner au dehors une attitude pacifique et respectée.

« Gouvernement du pays par le pays dans sa réalité et sa sincérité, réunissant en un faisceau, sans division, sans antagonisme, toutes les forces de la nation, la République est, en outre, le gouvernement le plus fort qu'il soit donné aux hommes de constituer ; n'est-ce pas elle qui, en moins de cinq ans, a réparé nos désastres, libéré notre territoire, rétabli nos finances et notre crédit, réorganisé l'administration et l'armée, ramené le travail et la confiance? Quel autre Gouvernement, je l'ai déjà dit ailleurs, eût été à la hauteur d'une telle tâche? Quel autre s'offrit en 1871 pour l'assumer?

« C'est à ce Gouvernement réparateur, vers lequel gravitent les peuples modernes, que je suis resté toujours fidèle. J'ai travaillé à le fonder en 1848, à l'Assemblée constituante; je l'ai soutenu, à l'Assemblée législative de 1849, contre les attaques qui l'ont ébranlé; je l'ai revendiqué au Corps législatif de l'Empire; je l'ai défendu contre les tentatives de restauration monarchique, à l'Assemblée nationale qui va finir, et que j'ai cessé volontairement de présider lorsque je l'ai vue prendre une voie dans laquelle il n'était pas du devoir d'un républicain de la diriger.

« Je le défendrai encore à la prochaine Chambre des député, si vous me faites l'honneur de m'y envoyer. Les ennemis de la République n'ont pas désarmé, il serait puéril de se faire illusion sur ce point. Les partis dynastiques peuvent s'éteindre avec le temps; l'histoire montre qu'ils n'abdiquent jamais. Ils ne cachent aujourd'hui ni leurs drapeaux ni leurs projets; ils s'efforcent de pénétrer dans la Constitution pour la détruire, et la France, qui veut la République, aura longtemps encore à la protéger contre eux.

« Si vous approuvez mon passé, si vous partagez mon sentiment sur la situation présente, et si vous jugez que, pour le labeur de l'avenir, mon concours puisse être encore utile, j'accepterai votre nouveau mandat avec gratitude et je m'y consacrerai avec dévouement, sans préoccupations personnelles et sans autre ambition — je crois l'avoir prouvé — que celle de justifier votre confiance et de servir mon pays.

« Agréez, mes chers concitoyens, l'expression de mon dévouement.

« Jules GRÉVY. »

Le 20 février 1876, 12,417 suffrages investirent de nouveau M. Grévy du mandat de représentant; son concurrent légitimiste et ultra montain, M. Picot d'Aligny, en obtint 3,408.

Dans la Chambre républicaine issue des élections du 20 février, la place de l'ancien président de l'Assemblée nationale était marquée d'avance. Il fut nommé le 8 mars président provisoire par 414 voix sur 430 votants, et le 13, président définitif par 462 sur 468.

En remontant sur ce fauteuil qu'il avait si dignement quitté en 1873, dès qu'il avait vu l'Assemblée « prendre une voie dans laquelle — selon ses propres expressions — il n'était pas du devoir d'un républicain de la diriger, » il rappela à ses collègues quels devoirs la France leur avait imposés et quels services elle était en droit d'attendre d'eux :

« Nous avons, Messieurs, une grande mission, nous avons à inaugurer l'application de la Constitution nouvelle et à montrer que la République est un Gouvernement d'ordre, de liberté et de progrès.

« Nous n'oublierons pas que le premier besoin de ce Gouvernement est que l'accord soit toujours maintenu entre les grands pouvoirs qui le constituent.

« Nous nous efforcerons d'y concourir par notre modération, par notre sagesse, par toutes les concessions compatibles avec l'intérêt supérieur de la République.

« Et comme nous sommes assurés de rencontrer dans les deux autres pouvoirs un égal désir de cordiale entente, une égale sollicitude pour l'exécution loyale de la Constitution, nous avons le ferme espoir de voir la France en possession durable des bienfaits qu'elle a le droit d'attendre du Gouvernement auquel elle s'est attachée depuis cinq ans avec tant de constance, et qu'elle vient de consacrer avec tant d'éclat (*séance du 14 mars* 1876). »

De ce jour jusqu'à la dissolution de la Chambre par le gouvernement du Seize-Mai, M. Grévy dirigea avec un calme impartial les discussions de l'Assemblée qui s'était placée sous la vigilante sauvegarde de son expérience et de sa loyauté.

« Les adversaires de la Constitution le savent bien, a-t-on dit alors de lui : avec M. Grévy, c'est la République elle-même qui domine nos débats parlementaires, qui les dirige et les maintient dans les limites que leur a tracées la loi ; aussi, jamais envers aucun président de nos précédentes Assemblées, la rage des partis vaincus, leurs invectives et leurs outrages ne se sont déchaînés avec autant de violence qu'ils l'ont fait contre M. Grévy, dans cette période qui commence au 8 mars 1876 et finit au 25 juin 1877. La France tout entière a encore présentes à la mémoire ces orgies d'insultes auxquelles se livraient contre cet homme respecté entre tous les coryphées de la faction bonapartiste ; le mépris des honnêtes gens, tribunal suprême auquel M. Grévy renvoyait ses insulteurs, en a suffisamment fait justice ; les nommer et les flétrir de nouveau, ce serait manquer au respect de notre pays lui-même, car ce serait croire qu'il se préoccupe et s'affecte outre mesure de ce qui se passe si bas au-dessous du patriotisme et au-dessous de l'honneur (1). »

La folle et coupable aventure du Seize-Mai trouva en M. Grévy non-seulement un adversaire mais un juge. Dans la séance du 25 juin 1877, avant de donner lecture à la Chambre des députés du décret du maréchal de Mac-Mahon qui la déclarait dissoute, il prononça d'une voix sévère et avec l'autorité d'un président de haute cour de justice la condamnation anticipée du nouveau « gouvernement de combat : »

« *Le pays, devant lequel la Chambre va retourner, lui dira bientôt que, dans sa trop courte carrière elle n'a pas cessé un seul instant de bien mériter de la France et de la République.* »

Une immense acclamation de « Vive la République » répondit à cette protestation énergique, en attendant qu'au scrutin du 14 octobre, le pays se chargeât d'accomplir l'engagement pris en son nom par le président de la Chambre.

La France venait de perdre à la fois, en M. Thiers, une de ses gloires, un grand patriote et un chef respecté du parti républicain. Jamais deuil ne fut plus national, jamais regrets ne furent plus unanimes. Seuls les hommes du Seize-Mai se tinrent à

(1) Elie Sorin, *Jules Grévy, sa vie, son rôle politique*, p. 189-190.

l'écart de ce cercueil. C'était dans l'ordre, à moins que ce ne fût chez eux un vestige de pudeur. Au reste, pudeur ou impudeur, n'importe ; le pays, en les jugeant, a devancé le verdict flétrissant de l'histoire. A défaut du Gouvernement d'alors, Paris tint à honneur de faire de splendides funérailles à l'ancien président de la République (8 septembre 1877). Toute la France fut représentée à cette manifestation imposante de la gratitude publique pour le plus éminent et le plus autorisé représentant des idées libérales. Le chef du ministère républicain brutalement congédié au 16 mai et le président de la Chambre dissoute étaient à leur place dans cette solennité funèbre ; l'un et l'autre vinrent sur la tombe de l'illustre mort, mêler à l'émouvant panégyrique d'une vénérée mémoire l'expression des espérances de la nation et la fière revendication de ses droits.

M. Jules Simon résuma excellemment la vie de M. Thiers dans ces mots : *Patriam dilexit, veritatem coluit.* Il chérit sa patrie et aima la vérité.

M. Grévy s'exprima en ces termes :

« Messieurs,

« Au milieu de ce concert de regrets et de louanges qui s'élève de toutes parts sur la tombe du grand citoyen que la mort vient de frapper ; lorsque tant de voix émues, dans la presse française et étrangère, dans les discours éloquents que vous allez entendre, dans les épanchements de l'intimité, célèbrent à l'envi la magnifique existence de M. Thiers, son merveilleux esprit, si étendu et si pénétrant, si vif et si plein de charme, son admirable bon sens, cette qualité maîtresse de l'homme d'Etat, son éloquence incomparable, ses trésors de savoir et d'expérience, fruit précieux de soixante ans d'études éclairées et mûries par un long maniement des affaires publiques, son ardent amour de son pays, les mémorables services qu'il lui a rendus, que pourrais-je vous dire qui ne fût un écho affaibli de cette immense acclamation!

« Je veux cependant arrêter un moment votre attention sur ce qui sera pour l'histoire le grand trait de la vie politique de M. Thiers : je parle de son avénement à la République.

« M Thiers a appartenu longtemps à cette école de la monarchie constitutionnelle qui a jeté un si vif éclat dans la première moitié de ce siècle. Comme presque tous les hommes de sa génération, il croyait trouver dans cette institution la réalisation du Gouvernement de la nation par elle-même, cet invincible besoin des peuples modernes. Il croyait pouvoir transplanter dans notre pays le gouvernement anglais, sans prendre garde qu'en France le temps a détruit sans retour les éléments sociaux sur lesquels ce gouvernement a été originairement fondé en Angleterre, et que, dans une société parvenue à l'état démocratique, cette importation tardive était un anachronisme.

« C'est ce que le spectacle de nos malheurs a montré plus tard à ce grand esprit, lorsque, portant ses regards en arrière et scrutant les événements qui, en trois quarts de siècle, ont fait tomber huit gouvernements détruits par des révolutions violentes — chose inouïe dans les fastes du monde — il a vu que la cause de si fréquents bouleversements et d'une instabilité si extraordinaire est que la France, devenue une pure démocratie, n'a pu supporter les gouvernements monarchiques qu'on s'est obstiné à lui imposer.

« Il voyait, d'un autre côté, que les partis dynastiques, tristes legs de ces révolutions, se tenant respectivement en échec et se neutralisant, aucun d'eux ne pouvait désormais remonter au pouvoir et s'y maintenir.

« Il dut en coûter à cet illustre vétéran du parti monarchique de renoncer à une cause qui avait eu si longtemps ses prédilections et à laquelle l'attachaient tant de sentiments et de souvenirs...

« Mais aucun sacrifice n'était au-dessus de son patriotisme et de son amour de la vérité. Il n'hésita point à déclarer solennellement, et il répétait encore quelques jours avant de mourir, que *la République est le seul gouvernement possible en France.*

« Un si grand exemple, donné de si haut, entraîna à la suite de M. Thiers et cette brillante pléiade d'esprits libéraux qui lui faisaient cortége, et cette partie de la nation que hantaient encore de vaines frayeurs ou d'injustes préventions.

« C'est à M. Thiers que la République doit en grande partie d'avoir conquis la confiante adhésion de la France ; c'est à lui qu'elle doit d'avoir convaincu l'Europe qu'elle est un Gouvernement d'ordre et de paix.

« Mais, en retour, c'est à la force du Gouvernement républicain, à la tête duquel il était placé, que M. Thiers a dû de pouvoir relever la France de ses désastres avec une promptitude et un succès qui ont étonné le monde.

« Fondation de la République, relèvement de la France : tels sont les deux grands services que M. Thiers a eu le bonheur de rendre à son pays. Tels seront ses plus beaux titres aux yeux de la postérité. C'est par eux que sa mémoire sera immortelle et la reconnaissance du peuple français impérissable.

« Quels services il eût pu rendre encore !

« Mais, puisque nous l'avons perdu, gardons du moins son exemple et sa tradition.

« Appliquons-nous à montrer comme lui que la République est un gouvernement d'ordre, de paix et de liberté, le seul gouvernement conservateur dans notre pays et dans notre temps, parce que seul il est approprié à nos intérêts, à nos besoins, à notre état social.

« Ainsi nous honorerons la mémoire de M. Thiers et nous servirons la France... »

Une lourde succession était ouverte.

Dans les circonstances critiques que traversait la France et en face des éventualités de l'avenir, il fallait au parti républicain un digne continuateur de M. Thiers, un guide sûr et accepté de tous, qui, en imposant sa légitime influence, en commandant l'estime et le respect, sût protéger la démocratie contre ses propres égarements, l'éclairer et la pacifier, fortifier en elle, avec la connaissance de ses droits, la conscience de ses devoirs, et, en même temps, démasquer ses adversaires et déjouer leurs piéges. L'opinion publique désignait M. Grévy pour remplir ce rôle. Il ne déclina pas la grande tâche qui lui était dévolue. A un homme d'action succéda un homme de caractère.

L'accord de tous les républicains fut bientôt fait sur le nom du président de la Chambre. Les réactionnaires, très-embarrassés pour l'injurier, fouillèrent en vain son passé; sa vie publique et privée ne leur révéla aucun grief à exploiter contre lui. Ils s'en consolèrent par d'aimables plaisanteries ; ils lui firent un crime de n'être ni duc comme M. de Broglie, ni général comme M. Ducrot, ni clérical comme M. Chesnelong ; ils le raillèrent de partager avec le roi Louis XIV la passion du billard, d'être aux échecs de la force de Philidor, d'aimer, dans son cher Jura, à guerroyer contre les lièvres et les perdreaux, voire même parfois à taquiner perfidement le goujon. Que sais-je encore? Le *Monde*, journal illustre, le traita un beau jour d'*inconnu* ; le *Français*, feuille princière, se borna à le qualifier, avec son impertinence ordinaire, d'*homme médiocre* !

Ces facéties d'un goût douteux réjouissaient l'esprit et le cœur des hommes du Seize-Mai. En veine de belle humeur, M. de Fourtou lui-même voulut continuer la plaisanterie, et pour cela il ne trouva rien de mieux que d'expédier en province la dépêche suivante, avec *ordre* à tous les maires de la faire lire *à son de caisse* :

Jeudi, 13 septembre 1877.

« Grévy a quitté Paris avant-hier soir, rentrant dans le Jura, se dérobant ainsi aux sollicitations des groupes de gauche, et a déclaré à plusieurs personnes qu'à aucun prix il ne consentirait à prendre la direction politique du parti républicain. — Les républicains, disait-il, n'ont qu'une chose à faire : s'entendre avec le maréchal. »

La réponse de M Grévy ne se fit pas attendre. Il l'adressa au journal la *France*, qui avait le premier signalé la dépêche en question :

« Mont-sous-Vaudrey, le 16 septembre.

« Mon cher monsieur de Girardin.

« Quoique je n'aie pas l'habitude de m'occuper des *sottises* qu'on m'attribue, je ne puis laisser passer, sans la démentir, l'étrange dépêche que m'a fait connaître votre numéro du 16. Permettez-moi, je vous prie, de déclarer dans votre journal que l'attitude et le langage que me prête cette dépêche sont une *calomnie*.

« Agréez, etc.

« Jules GRÉVY. »

Sottises, *calomnie* ! La riposte était ferme. Le *Constitutionnel* la trouva « dure. » Il est certain que, dans son laconisme, elle en disait plus qu'en a dit souvent tout un discours de M. le duc de Broglie. En tous les cas les plaisants durent cesser leur jeu.

Le *Constitutionnel*, que nous venons de citer, rompit provisoirement avec ses attaches ministérielles pour rendre enfin justice au chef désormais reconnu des gauches :

« M. Grévy, écrivait-il, a une incontestable, une immense autorité, qui va au-delà du parti auquel il appartient originellement. Il la mérite par son ferme bon sens, sa loyauté que personne n'a jamais mise en doute, par l'impartialité courageuse avec laquelle il a toujours su se mettre au-dessus des passions.

« M. Grévy est un des titres d'honneur de l'idée républicaine ; et il nous semble même nous souvenir qu'un écrivain — qui est aux antipodes du républicanisme — M. Paul de

Cassagnac, s'écriait un jour que si tous les républicains étaient semblables à M. Grévy, il serait prêt à se faire républicain.

« Il est manifeste que dans le nom de M. Grévy il y a comme une vertu qui attire à la République. »

Un autre journal, celui-là complétement dévoué à la réaction, l'*Estafette*, entonna une curieuse antienne à propos de la succession politique de M. Thiers :

« M. Grévy est un parfait honnête homme, dans la plus stricte acception du mot ; c'est un républicain austère, dont les vertus et la gravité commandent l'estime et la vénération de tous. Il a au plus haut degré ce précieux attribut d'un chef d'Etat, la respectabilité. De plus, il ne fait point éclat de ses opinions, ne tranche pas du dictateur ; son éloquence n'a rien de tonitruant ; dans aucun parti sa parole ne lui a suscité de haine violente ; il est calme, froid, majestueux. A Rome on eût peut-être été le chercher comme Cincinnatus. Aux Etats-Unis, les politiciens de son parti auraient jeté les yeux sur lui, comme ils ont jeté les yeux récemment sur M. Hayes, pour le transporter d'une obscurité relative à la plus haute dignité de la République....

« M. Grévy n'est ni du centre gauche ni de la gauche radicale ; il est de la gauche pure, de celle qui représente non l'action mais la théorie, non la passion mais la raison. »

L'éloge, comme on le voit, est complet, et la conclusion de l'article facile à déduire. Mais pas du tout. M. Grévy, si parfait qu'il soit, ne convient pas à l'*Estafette*, parce que « nous ne sommes ni à Rome, ni en Amérique, » éclatante vérité à rendre jaloux

M. de la Palisse. En France, d'après la feuille réactionnaire, « les grands chefs de parti doivent se distinguer par de tout autres qualités que celles qui honorent M. Grévy. » On peut se demander lesquelles, puisque de l'aveu même de ce journal, M. Grévy les a toutes. Enfin, ajoutait l'auteur de l'article, « dans une République ordinaire où les institutions fonctionneraient avec la plus grande régularité et depuis de longues années déjà, » M. Grévy serait le président indiqué. Retenons cet aveu d'un organe du Seize-Mai, venant confirmer naïvement les vœux et les aspirations du pays C'est justement parce que la France a la prétention de posséder une République « ordinaire, » où aucun bon plaisir ne doit venir troubler le fonctionnement des institutions, qu'au lendemain de la mort de M. Thiers, un libéral convaincu, un sage politique comme M. Grévy lui apparut, dès lors, le chef le plus autorisé des 363, et, pour le cas échéant, le meilleur des candidats à la présidence de la République. Un pays tranquille et un gouvernement régulier n'ont besoin à leur tête ni d'un sabre ni d'un sauveur providentiel.

L'occasion se présenta bientôt au parti républicain de proclamer solennellement en notre éminent compatriote le continuateur de M. Thiers. Les élections du 14 octobre approchaient, et il s'agissait de remplacer l'illustre défunt comme député du IXe arrondissement de Paris. Le 1er octobre, le comité électoral de cette circonscription adressa à M. Grévy la lettre suivante :

« Monsieur et cher concitoyen,

« Représentants de la majorité républicaine du IXe arrondissement de la ville de Paris, nous avons reçu mandat de vous offrir la candidature aux élections législatives du 14 octobre.

« La mort si regrettable de M. Thiers a provoqué dans tous les rangs du parti républicain un même sentiment de sympathie et de confiance vers l'homme que son passé, les services rendus, l'autorité et l'élévation de caratère désignaient aux yeux de tous, même de nos adversaires, comme le plus digne d'occuper, à la tête de la démocratie française, le rang et la place qu'y tenait M. Thiers lui-même.

« Nous ne faisons donc qu'exprimer le vœu public en vous priant d'accepter le mandat de député.

« Plus qu'aucune autre élection, la vôtre signifiera, pour le pays comme pour l'Europe, la victoire de l'esprit républicain et parlementaire sur les entreprises du gouvernement personnel.

« La charge de président, que vous avez exercée avec tant d'autorité, et dans l'Assemblée nationale, et dans la dernière Chambre des députés, vous imposait à tous pour devenir, par l'adhésion unanime de vos anciens collègues et des diverses fractions de l'opinion républicaine, le chef et le guide de cette majorité des 363, aujourd'hui dissoute, mais sûre de rentrer avec vous retrempée et augmentée par le suffrage universel.

« Nous vous remercions d'avoir accédé aux sollicitations de nos amis. Vous n'avez pas manqué, en cette circonstance, à ce que la

France attendait de vous : elle ne faillira pas à ce que vous êtes en droit d'attendre d'elle-même.

« Aujourd'hui et jusqu'au scrutin, le conflit, préparé, ouvert et poursuivi par les hommes du Seize-Mai, semble n'exister qu'entre la majorité dissoute et le pouvoir; demain, quand la nation aura parlé, si le pouvoir ne s'inclinait pas, le conflit serait entre la France et un homme.

« En vous choisissant, les électeurs de Paris, interprètes de l'opinion publique, regardent en face et avec confiance cette éventualité.

Les membres du bureau : Président d'honneur, M. Victor Hugo; président, M. Gambetta; vice-présidents, MM. Peyrat, Allou, Genevay, Ruault.

(Suivent plus de cent cinquante signatures de sénateurs, députés, conseillers municipaux, etc.)

M. Grévy ne se déroba pas à ce devoir. Bien que résolu d'avance à rester fidèle à l'arrondissement de Dole, auquel l'attachaient des souvenirs anciens et des liens étroits, il adhéra sans orgueil, mais sans fausse timidité, à la décision si politique que toutes les nuances du parti républicain avaient prise à Paris au nom du pays entier. Cette candidature eut, dès le premier jour, aux yeux de la France et de l'Europe, une signification considérable : elle donnait à tout le mouvement électoral du 14 octobre sa couleur propre et tranchée : le triomphe du principe libéral, la prédominance du droit des majorités parlementaires sur les caprices et les illusions du pouvoir personnel. Du même coup, les électeurs du IXe arrondissement étaient convoqués à rendre un éclatant hommage à la mémoire de M. Thiers, en assurant, par le choix de M. Grévy, le succès de l'œuvre patriotique à laquelle l'éminent homme d'Etat avait voué les dernières et les plus fécondes années de sa vie : le maintien, en dépit de la coalition du Seize-Mai, du Gouvernement de la souveraineté nationale, qui a sauvé la France, libéré le territoire, rétabli le crédit, la confiance, le travail, et qui, préservant le pays de révolutions nouvelles, peut seul lui assurer la paix, l'ordre et la liberté.

Les souteneurs du Seize-Mai trouvèrent dans cette candidature une menace d'antagonisme, de rivalité, à l'adresse du maréchal-président. Il n'y avait là cependant aucune menace pour personne, mais seulement une précaution et une garantie, jointes à une imposante manifestation du sentiment public. C'était le devoir aussi bien que le droit du parti républicain de prévoir tous les cas, de pourvoir à tous les événements, et, au milieu d'une crise qui, un jour ou l'autre, devait amener fatalement un président de République en lutte avec la nation, à *se soumettre* ou à *se démettre* de consacrer définitivement un choix qui permît d'envisager sans crainte les incertitudes du lendemain. Après avoir voté pour M. Thiers, qui avait été président de la République, les électeurs du IXe arrondissement ne pouvaient-ils ils pas voter pour M. Grévy, appelé dès à le devenir un jour?

Cette situation, si simple et si nette, déconcerta la réaction. La basse presse qui, devant le cercueil même de M. Thiers, avait cyniquement laissé éclater sa joie, à la pensée qu'une telle perte était irréparable, et que désormais les républicains en désarroi étaient privés de guide, la basse presse s'indigna des respectueuses sympathies que le nom de M. Grévy inspirait à ceux dont il a toute sa vie servi la cause, défendu les principes, partagé la bonne et la mauvaise fortune ; elle s'irrita de trouver sur toutes les lèvres ce nom conspué chaque jour par les valets de plume, dont le métier est d'outrager tout ce qui est respectable ; elle poussa les hauts cris de ce que la France faisait appel à l'influence, au dévouement et à la fermeté d'un simple citoyen ; elle cria au scandale, parce que M. Grévy eut l'audace de ne pas aller prendre le mot d'ordre à l'Elysée avant de recueillir la succession électorale de M. Thiers ; elle nia sa candidature, elle la dénatura, jusqu'au jour où le président de la Chambre dissoute s'adressa en ces termes aux électeurs du IXe arrondissement :

« Mes chers concitoyens,

« Après cette lettre admirable que M. Thiers écrivait pour vous au moment où la mort est venue glacer sa main ; lorsque cette grande voix d'outre-tombe retentit encore à vos oreilles, quelles paroles puis-je vous adresser ?

« Je dois pourtant, en me présentant à vos suffrages, vous exprimer mon sentiment sur la situation présente et sur le caractère des élections auxquelles la France va procéder. Je le ferai simplement.

« La Chambre des députés élue l'an dernier pour concourir, avec les deux autres pouvoirs, à l'application de la nouvelle Constitution, représentait exactement la France.

Elle était composée, comme la France, d'une forte majorité républicaine et d'une minorité formée de légitimistes, d'orléanistes et d'impérialistes. Comme la France, elle voulait la liberté, l'ordre, la paix, le travail, la sécurité; elle était animée d'un grand esprit de modération et de concorde. La confiance était revenue, les affaires avaient repris leur essor, et le pays ne demandait qu'à jouir en paix de ces heureux commencements.

« Tout à coup, sans qu'on pût s'y attendre, sans qu'aucun conflit se fût élevé entre les pouvoirs, la Chambre des députés, enlevée à ses travaux commencés, a été ajournée pour un mois, puis dissoute.

« Le trouble que ces mesures ont jeté dans les esprits et dans les intérêts, je n'ai pas besoin de vous le décrire : vous en êtes les témoins et les victimes.

« Qu'avait donc fait la Chambre pour mériter ce traitement?

« Elle en était venue, vous dit-on, à méconnaître la part d'autorité qui appartient au président de la République, à contester l'influence légitime du Sénat, et à substituer à l'équilibre nécessaire des pouvoirs établis par la Constitution le despotisme d'une nouvelle Convention.

« Une accusation si grave, portée contre un des grands pouvoirs de l'Etat, devrait être prouvée par des faits; je ne vois que des faits qui protestent contre elle.

« *La Chambre a méconnu la part d'autorité qui appartient au président de la République?* — Où? quand? par quels actes? qu'on les cite. Elle n'a jamais émis un vote qui touchât, même indirectement, à l'autorité du président : elle l'a toujours entouré de déférence et de respect.

« *La Chambre a contesté l'influence légitime du Sénat?* — Seconde accusation sans preuve comme la précédente. La Chambre poussait si loin l'esprit de conciliation que, sur les points législatifs où elle s'est trouvée en désaccord avec le Sénat, c'est toujours elle qui a cédé. Elle a cédé sur la loi de l'enseignement supérieur, elle a cédé sur la loi municipale, elle a cédé sur le budget, sacrifiant patriotiquement à la concorde les prérogatives qui, dans les pays constitutionnels, appartiennent en matière d'impôts aux représentants du peuple ; rien ne lui a coûté pour éviter un conflit.

« *La Chambre tendait à substituer à l'équilibre nécessaire des pouvoirs établis par la Constitution le despotisme d'une nouvelle Convention?* — Qu'elle était loin de cette tendance insensée ! Elle n'aspirait qu'à faire vivre la Constitution républicaine avec les trois pouvoirs qu'elle a institués. Est-ce sérieusement qu'on prononce le nom de la *Convention*, à propos d'une seconde Chambre, soumise au droit d'ajournement et de dissolution, sans action sur le pouvoir exécutif et sur le Sénat, à peine égale par ses attributions aux Chambres des députés sous les monarchies de 1814 et de 1830 ?

« Sans vous arrêter plus longtemps aux griefs allégués contre la Chambre dissoute, voyez par quelle Chambre on voudrait la remplacer. Voyez quels candidats l'administration présente officiellement au choix des électeurs : des bonapartistes, des légimistes, des orléanistes, pas un seul républicain, à quelque nuance qu'il appartienne. Dans un camp, tous les ennemis de la République soutenus par le gouvernement républicain ; dans l'autre, tous les républicains combattus par le gouvernement de la République.

« Ce spectacle n'est pas nouveau

« Nous avons vu, en 1849, les trois partis dynastiques se coaliser une première fois contre la République. Cette coalition a porté ses fruits : la République renversée, l'Empire restauré, vingt ans d'oppression, la France envahie, humiliée, démembrée, accablée de charges et mise à deux doigts de sa perte.

« Cette terrible leçon aurait dû les instruire, si les partis écoutaient une autre voix que celle de leurs passions.

« Ils recommencent aujourd'hui la même campagne : ce sont les trois mêmes partis, la même ligue, le même drapeau, les mêmes appellations, les mêmes prétextes, les mêmes moyens, le même but ; ils n'inventent rien, ils se copient.

« Comme en 1849, ils se disent le parti de l'ordre, ils arborent les intérêts sociaux, ils s'appellent les conservateurs, et, sous ces dehors menteurs, c'est toujours la République qu'ils combattent.

« Ils vous conduiraient fatalement aux mêmes désastres si, éclairé par une dure expérience, votre patriotisme ne savait les arrêter.

« Comme en 1849, leur plan est encore de réviser la Constitution républicaine dans un sens monarchique, de remplacer la République par une dynastie. Laquelle? Celle des légitimistes, celle des orléanistes ou celle des bonapartistes ? Ils ne l'ont pas encore décidé.

C'est un démêlé qu'ils videront plus tard, au prix d'un nouveau déchirement de la France.

« Avec une Chambre républicaine, cette révision est impossible : avec une Chambre composée en majorité des ennemis de la République, elle est inévitable.

« Electeurs,

« Voulez-vous conserver le Gouvernement existant, le gouvernement qui a libéré votre territoire, payé votre rançon, rétabli l'ordre, la liberté, assuré la paix, relevé votre crédit, ramené la confiance, le travail ; le seul gouvernement qui puisse vous préserver de nouvelles révolutions, parce qu'il est aujourd'hui le seul possible, le seul durable ? Ecartez ses mortels ennemis ; votez pour des républicains.

« Vous l'avez fait l'année dernière, vous avez consacré la République par un vote solennel. Ce vote, on vous met en demeure de le rétracter. Vous répondrez comme il convient à des hommes qui ont le sentiment de leur dignité et qui veulent rester libres. Vous direz que cette noble France a assez souffert, qu'elle a été assez longtemps déchirée par les révolutions, qu'elle ne veut plus appartenir à des maîtres, et qu'elle est résolue à ne charger désormais qu'elle-même du soin de son repos, de sa prospérité et de sa grandeur.

« Jules GRÉVY. »

L'admirable manifeste que M. Thiers avait adressé d'outre-tombe à la France réfutait de la manière la plus écrasante l'appel désespéré des hommes du Seize-Mai aux électeurs du 14 octobre ; la Chambre dissoute, éloquemment et complétement défendue par le plus illustre de ses membres, pouvait attendre sans inquiétude l'arrêt de son seul juge légitime, le suffrage universel. Mais si ce témoignage suffisait à une Assemblée outragée, M. Grévy se devait à lui-même de joindre son indignation à celle de M. Thiers. Nul mieux que lui n'était à même de corroborer la patriotique et péremptoire justification de cette Chambre brutalement renvoyée devant ses électeurs, bien qu'elle n'eût pas « cessé un seul jour de bien mériter de la France et de la République. » Après M Thiers, M. Grévy opposa la voix de la France libérale à la voix des partis réactionnaires dirigés par le Seize-Mai à l'assaut des libertés publiques. La circulaire qu'on vient de lire riposta point par point au message présidentiel, détruisit une à une toutes les allégations formulées contre la Chambre. Le message l'accusait en termes aussi vagues qu'injurieux. Pour toute réponse, M. Grévy invoqua les faits, rappela les actes de la majorité calomniée. Le message parlait de révolte contre le Sénat et d'empiétements contre les pouvoirs du président ; le gros mot de Convention y était prononcé ; mais les preuves, mais les fautes de la Chambre ? il n'en précisait aucune. M Grévy réduisit à leur valeur ces étranges assertions et montra que la guerre déclarée à la Chambre était en réalité dirigée contre l'existence même des institutions républicaines

La réplique de M. Grévy, incisive et concluante, ne laissait prise à aucun doute, à aucune équivoque ; on ne la réfuta pas. Les journaux officieux, à bout de ressources, firent de cet homme honoré et respecté entre tous, un ennemi de l'ordre social, un anarchiste, un perturbateur, un factieux; entre temps, ils assaisonnaient ces aménités de l'épithète qui leur était particulièrement chère : un *inconnu* !

L'éloquent *leader* des gauches, M. Gambetta, se chargea de rappeler ces sycophantes à la pudeur, dans le discours qu'il prononça, le 9 octobre 1877, devant les électeurs du XXe arrondissement. Après avoir payé un juste tribut d'éloges à la mémoire de M. Thiers, il poursuivit en ces termes :

« Messieurs, autour de ce glorieux cercueil, un acte politique de la plus haute signification s'est accompli.

« Les hommes qui accompagnaient au champ du repos cet illustre mort étaient ses anciens ministres, ses amis politiques, anciens et nouveaux ; après avoir traversé cette population émue, contenue, respectueuse, une grande pensée politique et patriotique s'est emparée de tous les cœurs sous l'impression de ce solennel silence qui était un silence plus éloquent que toutes les éloquences.

« Les hommes qui se sont groupés au bord de cette tombe, y ont prononcé des mots d'avenir, de graves paroles qui renferment un sérieux enseignement. Toute notre population s'est inclinée : tous ensemble, libéraux éminents, anciens parlementaires, républicains de naissance, républicains par raison, peuple et bourgeois, tous nous étions confondus dans une même pensée, sentant que ce qui venait de se passer là, c'était le salut, le salut dans l'union, dans la réconciliation et dans la concorde, le salut dans la République et par la République.

« Messieurs, c'est pour avoir proclamé cette grande et salutaire vérité qui a jeté sur le passé de sa vie comme une glorieuse auréole, c'est pour l'avoir démontrée tous les jours depuis nos malheurs, pour l'avoir répétée le jour même de sa mort, et encore après être descendu dans la tombe, que le grand citoyen dont nous nous entretenons a été salué par l'homme qui est certainement le mieux fait et le mieux préparé pour continuer cette œuvre patriotique, pour continuer cette alliance, pour affermir cette union précieuse, pour fonder enfin ce Gouvernement de l'opinion par l'opinion, du pays par le pays.

« Messieurs, cet homme si autorisé par son caractère, si justement respecté à cause de son passé si pur, de sa conscience droite, cet homme que nous pouvons présenter aux uns comme un modèle de modération et de sagesse, aux autres comme un modèle de fidélité et d'honneur, cet homme, c'est M. Jules Grévy.

« Je sais bien quelle fut la déconvenue des écrivains officieux, quand ils apprirent que la République se donnait pour chef un républicain de ce mérite. C'est alors que l'on a essayé de la raillerie contre cet homme éminent, contre cet esprit si juste, contre cette conscience si haute, contre cette réputation si intègre et si bien établie.

« Il paraît qu'il y a quelque part — je n'ose pas dire des plumes vénales, parce que ce mot est, dit-on, incorrect, et qu'il expose aux foudres de la justice — il paraît qu'il y a quelque part une phalange immaculée, prodiguant gratuitement son talent, ne l'ayant jamais mis à prix, ayant l'horreur du casier judiciaire, n'ayant jamais rien eu à démêler avec les tribunaux, un groupe d'hommes que l'on peut appeler le dessus du panier de la presse conservatrice. Aussitôt qu'un homme s'élève, rallie les suffrages de ses concitoyens en leur apparaissant comme une garantie d'ordre, ces gens sûrs d'eux-mêmes, car ils ont fait leurs preuves, se considèrent comme les chevaliers de la réaction chargés de descendre en champ clos contre ce nouveau venu qui les irrite et les gêne, et c'est à qui lui donnera des leçons de maintien politique, c'est à qui lui débitera gravement un enseignement sur les lacunes de son éducation, même sur les incorrections de son langage et de son style, c'est à qui se plaindra de son peu de notoriété, de ses goûts trop modestes et trop plébéiens. Nous avons, à ce qu'il paraît, des ducs méconnus, des marquis incompris qui n'ont pas de talons rouges, mais qui ont traversé bien des pays, habité des châteaux et des forteresses pour des raisons qui n'ont rien de politique. Ce sont ces messieurs qui ont entrepris de dire à la France, en parlant d'un homme comme M. Grévy, que c'est un inconnu pour elle que c'est un personnage absolument ordinaire, vulgaire, oubliant avec le sans-façon qu'ils apportent dans l'oubli de leurs propres peccadilles, que ce citoyen connu depuis trente ans a été un des premiers parmi les premiers du parti républicain, qu'il a été, aux heures les plus troublées de notre récente histoire, un des hommes écoutés dans l'Assemblée constituante de 1848, et que, dès la première heure, sans discussion, par acclamation, pour rendre hommage au seul candidat désigné par son passé, il a été porté à la présidence de l'Assemblée nationale de 1871, non pas pendant quelque temps, mais pendant plus de deux ans, et qu'il n'a dépendu que de lui d'y rester plus longtemps Dans ce poste élevé, il était le premier des Français, le dépositaire de la souveraineté nationale que l'Assemblée revendiquait si hautement et dont elle a failli faire l'emploi singulier que vous savez.

« C'est ce citoyen ainsi acclamé qui est un inconnu pour les scribes de la presse officielle

« Quand on en arrive à une pareille extrémité, encore faudrait-t-il au moins mettre en ligne et en regard les grands citoyens, les esprits éminents qui détiennent le pouvoir, ou qui briguent de l'occuper. »

Ecoutons encore une voix moins autorisée certainement que celle de M. Gambetta, mais néanmoins bien digne d'une déférente et sympathique attention. Un des esprits les plus éclairés de la bourgeoisie de notre département, un parlementaire de la vieille école, un ami des Thiers, des Dufaure, des Rémusat, indigné comme eux de la lutte engagée par le Seize-Mai contre le fond même des doctrines libérales, blessé dans ses plus vives convictions comme tous ceux qui depuis vingt-cinq ou cinquante ans luttaient pour la liberté politique, la liberté civile, la liberté religieuse, pour le Gouvernement du pays par le pays, et qui, après tant d'efforts, après tant de sanglantes révolutions, retrouvaient encore devant eux le spectre du gouvernement personnel, M. Alphonse Jobez, écrivait à la date du 5 octobre 1877 les lignes suivantes :

« M. de Broglie traitait naguère le libérateur du territoire de sinistre vieillard ; aujourd'hui son orgueil de gentilhomme déborde dans ses journaux officieux au nom de M. Grévy.

« M. Grévy, un simple avocat qui n'a jamais, que nous sachions, porté d'autre uniforme qu'un habit noir, M. Grévy, qui chasse comme un marchand du faubourg St-Denis, son fusil sur l'épaule sans rabatteurs, sans piqueurs, sans coursiers anglais, M. Grévy qui a quitté parfois la présidence de la Chambre pour aller plaider au Palais, M. Grévy deviendrait le chef de l'Etat?

« Quelle humiliation pour le pays! Comment des ambassadeurs pourraient-ils se commettre avec lui?

« Les ambassadeurs de l'Europe ont bien traité avec respect le président Lincoln, cet ancien bûcheron des forêts de l'Amérique. Pourquoi seraient-ils plus hautains devant un citoyen qui, au moment du coup d'Etat de Décembre, a repris sa robe d'avocat, se dérobant sans bruit et sans forfanterie aux appâts corrupteurs d'un gouvernement qui payait, par le don d'un hôtel de seize cent mille francs, les services de l'ancien défenseur du droit au travail, M. Billault?

« M. Grévy est resté pauvre, suivant l'expression de M Berryer parlant de lui-même. Arrivé à la présidence de la Chambre, il l'a quittée le jour où il a jugé que les députés qui l'avaient choisi n'étaient plus d'accord avec lui. Il pense comme M. Thiers qu'un mandataire ne peut pas, sans manquer aux lois de la délicatesse et de l'honneur, user d'un pouvoir qui lui a été remis, pour contrarier les volontés de ceux qui le lui ont confié.

« Ces mœurs, ces habitudes, ce passé quoi qu'en disent les journaux de M. de Broglie, n'ont rien qui nous humilient ou nous abaissent. Il ne nous déplaît pas, quand nous avons à traiter une affaire, de pouvoir facilement entretenir celui que le pays a chargé de la résoudre.

« Un de mes amis, ayant une affaire avec le gouvernement des Etats-Unis, est allé il y a quelques années à Washington. Il parlait de l'objet de sa visite dans un des bureaux d'un ministère, quand l'employé lui dit : Vous feriez bien d'en parler au président de la République. — Au président, lui répondit notre Français, comment le voir, comment lui demander une audience? — Allez, répliqua l'employé, dans la maison voisine, demandez à voir le président, vous serez reçu. — Mon ami trouva un huissier qui le pria poliment de s'asseoir, et quelques minutes après il était admis devant le chef du Gouvernement américain, assis devant une table de travail. Le président l'écouta, sonna pour demander le dossier de l'affaire, et après quelques explications tout fut terminé.

« Voilà ce qui arriverait si M Grévy entrait à l'hôtel de la présidence de la République. Il ferait ce qu'il a toujours fait comme président de la Chambre. Il accueillerait simplement, en costume de travail au besoin, les citoyens qui auraient à l'entretenir, sachant par expérience que le temps c'est de l'argent, et que les négligences des bureaux, les retards mis dans l'expédition des affaires se traduisent pour des citoyens par la gêne et parfois la ruine. Il commanderait le respect de chacun avec sa bonhomie tranquille qui n'a jamais exclu la dignité.

« Nous verrions revivre chez lui le type des législateurs de 89, de ces fondateurs de la République américaine comme Hamilton, qui après avoir organisé le système financier des Etats-Unis disait à Washington, son ami : J'ai fait mon œuvre de citoyen; ma famille a besoin que je lui consacre les fruits de mon travail, je vais reprendre mon métier d'avocat.

« Loin d'être contristé, j'avoue que je serais fier pour mon pays, je regarderais comme un événement glorieux pour la France, près l'effondrement moral qu'elle a subi pendant vingt ans d'Empire, l'hommage qu'elle rendrait à la constance des convictions et au désintéressement.

« Avec M Grévy nous arriverions à donner à notre Gouvernement la forme qu'il doit avoir pour une société de travail. Nous échapperions aux cataclysmes que l'ignorance et d'incurables préjugés prépareraient à notre pays (1). »

Pendant que le Seize-Mai ne trouvait qu'un M. Daguin à opposer au successeur de M. Thiers dans le IXe arrondissement, le parti réactionnaire tentait tous les moyens de combattre M. Grévy dans la circonscription de Dole (2).

---

(1) Le parquet d'alors, aux ordres de la préfecture, a fait saisir le numéro de la *Sentinelle du Jura* (10 octobre 1877) qui contenait cette lettre de M. Alph. Jobez.

(2) M. Grévy avait refusé toute autre candidature. Il remercia en ces mots un groupe important d'électeurs de Lyon, qui lui demandaient de se présenter dans une des circonscriptions de cette ville :

« Je vous remercie de l'honneur que vous me faites en m'offrant la candidature dans la 2e circonscription de Lyon.

« J'ai le regret de ne pouvoir l'accepter.

« Je n'ai pu accepter aucune de celles qui m'ont été offertes dans d'autres circonscriptions. Je n'ai fait d'exception que pour celle du IXe arrondissement de Paris, pour des raisons que vous connaissez.... « JULES GRÉVY. »

Dole, 5 octobre.

A la ferme et nerveuse circulaire qu'il avait adressée en même temps à ses électeurs de Paris et du Jura, les auxiliaires du candidat officiel répondirent, à la dernière heure, par un factum tissu de calomnies et de faussetés. La réplique où M. Grévy flagella tous ces mensonges est une page à citer :

« Il est faux que *la Chambre n'ait rien produit*. Elle a produit un grand nombre de lois, dont quelques-unes fort importantes ; elle en préparait d'autres, lorsqu'elle a été ajournée, puis dissoute. Si elle n'a pu achever son œuvre, est-ce à elle qu'en revient la faute?

« Il est faux qu'elle *ait perdu son temps en propositions factieuses*. Ces Messieurs devraient savoir que la Chambre ne fait point de propositions. Celles qui lui ont été présentées et qui ne devaient pas être accueillies, elle les a repoussées.

« Il est faux qu'elle n'*ait fait ni réformes ni économies*. Jamais budget n'en a réalisé de plus nombreuses et de plus grandes que celui que la Chambre a voté.

« Il est faux qu'elle *ait satisfait ses passions politiques par des invalidations brutales*. Elle n'a invalidé que des élections qui étaient le fruit scandaleux de la pression et de la fraude.

« Il est maladroit de diffamer la Chambre auprès des électeurs : son seul crime, ils le savent bien, est d'avoir été attachée au Gouvernement que la France s'est donné et de l'avoir constamment défendu.

« Pour ce qui me concerne personnellement :

« Il est faux que j'aie manqué à *l'impartialité et à la dignité des fonctions de président*. J'invoque le témoignage de la France, qui m'a vu présider pendant quatre ans ; j'invoque celui de la Chambre entière, qui m'a élu et réélu à la presque unanimité. Avec de tels témoignages, on peut se passer de l'approbation de MM. Blanc, de Toytot et Chavelet.

« Il est faux que *j'aie recherché les applaudissements* d'aucun parti. J'en ai obtenu souvent, sans en être fier, de la part de ceux que ces messieurs appellent, dans leur langue, les amis de l'ordre, lorsque je faisais respecter leur droit.

« Il est faux que j'aie jamais *avivé les dissentiments.* Je les ai toujours apaisés autant que je l'ai pu. Les amis de ces messieurs pourraient leur dire que je l'ai fait souvent à leur bénéfice et qu'ils sont venus plus d'une fois m'en remercier.

« Il est faux que j'aie *donné des gages aux ennemis de l'autorité.* Sortez du vague, Messieurs, précisez vos imputations ; citez un fait, un mot. Calomnier n'est pas prouver.

« Il est faux que j'aie *porté un défi au chef de l'Etat.* En déclarant que la Chambre avait bien mérité de la France et de la République, j'ai exprimé un sentiment différent de celui du Gouvernement et. si ces messieurs sont autorisés à le dire, différent de celui du chef du Gouvernement. C'était mon droit de député et mon devoir de président envers la Chambre. Il est possible que sous le régime rêvé par ces messieurs, lorsque le Gouvernement a parlé, le député n'ait plus qu'à se taire ; mais nous n'en sommes pas encore arrivés là... »

Jamais démenti ne fut plus formel. Mais, d'ailleurs, que pouvaient contre M Grévy les manœuvres de la dernière heure et les efforts désespérés de l'administration? Il fut réélu à à une majorité considérable: 12,304 voix contre 5,173 obtenues par le candidat du Gouvernement, M. Picot d'Aligny. — A Paris, il eut une pareille majorité: 12,365 voix contre 5,940 réunies sur le nom de M. Daguin.

Il annonça en ces termes aux électeurs du IXe arrondissement sa résolution d'opter pour son ancienne circonscription du Jura:

« Mes chers concitoyens,

« Les liens politiques et privés qui m'attachent depuis trente ans aux électeurs de l'arrondissement de Dole m'ont fait une loi d'opter pour eux.

« J'espère que vous voudrez bien approuver le sentiment de reconnaissance et d'affection qui m'a imposé cette détermination.

« En m'élisant dans ce IXe arrondissement que M. Thiers a illustré, vous m'avez fait un honneur dont je garderai l'inaltérable souvenir.

« Je vous adresse l'expression de ma profonde gratitude.

« Jules Grévy. »

Le scrutin du 14 octobre avait condamné le Seize-Mai et ramené à la Chambre des députés une majorité républicaine plus imposante et plus unie encore que par le passé. La nouvelle Assemblée appelée à donner enfin un terme à l'épreuve lamentable dont le gouvernement personnel sortait vaincu, inaugura sa session en consacrant, par un vote significatif bien que prévu d'avance, le choix qu'au nom de toute la nation les électeurs du

IXe arrondissement avaient fait d'un successeur de M. Thiers. Elu président provisoire le 7 novembre et président définitif le 10, M. Grévy, dans la séance du 12, prononça, aux acclamations de ses collègues, une de ces courtes et substantielles allocutions où l'on trouve toujours le mot qu'on attend, le mot qui résume une situation et doit guider une Assemblée :

« Vous avez, Messieurs, rendu définitives les fonctions que vous m'aviez confiées ; je vous en exprime toute ma gratitude. Ces fonctions m'imposent une tâche et une responsabilité que je n'ai jamais senties si vivement qu'aujourd'hui. Je m'efforcerai de me tenir à la hauteur de ma mission, comme la Chambre, j'en suis certain, se tiendra, par sa modération et sa fermeté, à la hauteur de la sienne, s'inspirant de l'admirable sagesse et de la volonté souveraine du pays, qui est avec elle. »

Cette « volonté souveraine du pays, » manifestée d'une manière si éclatante au 14 octobre, acculait le président de la République à l'inéluctable dilemme: *se soumettre* ou *se démettre*. On se rappelle les péripéties de cette crise désormais historique où le Seize-Mai agonisant aurait peut-être tenté un crime suprême, sans la tardive mais loyale révolte du Maréchal contre d'exécrables inspirateurs.

Il appartenait à M. Grévy de faire entendre à l'Elysée une autre voix que celle de la camarilla néfaste trop longtemps écoutée (1).

(1) La presse française et étrangère a publié des détails circonstanciés sur la part que prit M. Grévy à la solution de la crise gouvernementale de novembre-décembre 1877, et en particulier, sur ses entrevues avec le maréchal de Mac-Mahon.

Les entretiens auxquels le convia le président de la République, ses paroles de paix et de conciliation, ses patriotiques conseils, sa haute influence, ménagèrent à une situation critique une heureuse issue : l'avénement du cabinet Dufaure, et par là même satisfaction donnée au sentiment public, tranquillité rendue au pays, affermissement du régime républicain. A dater de ce jour, la France put respirer librement et attendre en pleine sécurité la fin du septennat.

Les événements qui précipitèrent cette fin sont trop rapprochés de nous pour que nous les jugions avec le désintéressement et la froide impassibilité de l'historien. Le sujet est brûlant et d'ailleurs nous écarterait trop du cadre de cette modeste étude. Nous allons simplement rapporter les faits et saluer l'élévation de notre éminent compatriote à la première magistrature du pays.

Les élections du 5 janvier 1879 venaient de

Le président de la Chambre ne sortit pas de sa réserve habituelle pour démentir ou confirmer ces divers récits, qu'à raison même de ce motif nous nous abstiendrons de reproduire. Il se borna à faire à la Chambre la déclaration suivante, à propos d'une dépêche ambiguë de l'*Agence Havas*, affichée dans les couloirs de l'Assemblée et produite à la tribune par M. Léon Renault :

« La Chambre peut savoir que je suis le seul membre de la majorité qui ait eu l'honneur d'être appelé par M. le président de la République ; elle me permettra, je l'espère, en face de la publication qui vient d'être portée à la tribune, de donner une courte explication.

« Je déclare :

« Premièrement, que je n'ai point parlé au nom de la majorité de cette Chambre, n'ayant pas qualité pour le faire ;

« Deuxièmement, que je n'ai engagé cette majorité sur aucun point ;

« Troisièmement, que, dans la conversation que M. le président de la République a bien voulu avoir avec moi, je n'ai parlé, en aucune façon, d'aucune des conditions auxquelles un ministère parlementaire pourrait être constitué (séance du 4 décembre 1877). »

créer enfin un Sénat républicain et d'inaugurer ainsi, pour nos institutions, une ère nouvelle de paix et de stabilité. Ce grand événement ; ce résultat décisif en vue duquel le ministère du 13 décembre avait, pendant toute une année, concentré ses efforts, fut accueilli d'un bout à l'autre de la France avec une fière et patriotique joie. Le président de la Chambre se fit l'interprète du sentiment général dans l'allocution qu'il prononça le 16 janvier 1879, en reprenant place au fauteuil d'où il dirigeait les débats de l'Assemblée depuis le 7 novembre 1877 :

« Messieurs, la Chambre des députés a recueilli le fruit de sa sagesse : de grandes épreuves victorieusement traversées, l'harmonie désormais assurée entre les deux branches du pouvoir législatif, la nation se montrant de jour en jour plus fortement attachée à la République.

« C'est à la France, sans doute, c'est à son calme, à sa fermeté, à sa clairvoyance, à son discernement de ses vrais intérêts, à son esprit politique en un mot, qu'il faut reporter le principal honneur de ces grands résultats ; mais il en revient une juste part à la conduite politique de la Chambre des députés.

« Que la Chambre persévère dans cette sage conduite, qu'elle procède toujours avec prudence et mesure, avec patience et maturité, et la session qui s'ouvre montrera ce que peut pour la satisfaction tranquille des besoins du pays la pratique sincère des institutions républicaines. »

La Chambre et le pays applaudirent à ces fermes paroles, à ces sages conseils. Quelques jours après, à propos d'un incident qui est encore dans toutes les mémoires et que nous n'avons pas à apprécier ici, le maréchal de Mac-Mahon croyait devoir résigner ses fonctions avant l'expiration du septennat. Cette démission d'une brusque franchise était portée à la connaissance du Parlement dans l'après-midi du 30 janvier. Le soir même, le Sénat et la Chambre des députés réunis en Assemblée nationale nommaient M. Jules Grévy président de la République par 563 voix sur 713 votants.

L'élection de M. Grévy au pouvoir suprême fut « saluée par une acclamation universelle (1). » Le pays qui venait de témoigner tant d'allégresse à l'occasion du scrutin du 5 janvier, épuisa toutes les formes de manifestations sympathiques pour le vote du 30 janvier ; partout éclatèrent les mêmes sentiments de soulagement et de confiance. L'Assemblée nationale ne pouvait pas, en effet, choisir une personnification plus éminente du gouvernement républicain. Ce nom de notre compatriote, ce nom d'un grand citoyen devenu le premier magistrat de la nation, nous l'avions toujours écrit avec fierté ; nous le traçâmes alors, et tous les Jurassiens le prononcèrent avec orgueil. Et quel orgueil a jamais été plus légitime ? La présidence de M. Grévy est, en effet, pour la France le gage le plus certain de la consolidation définitive de la République conservatrice et libérale ; pour l'Eu-

(1) Ce sont les expressions du premier président de la Cour de cassation, M. Mercier, dans le discours qu'il prononça, toutes chambres réunies, le 20 février dernier, en procédant à l'installation et à la prestation de serment de M. Bertauld, nommé procureur général en remplacement de M. de Raynal,

rope, c'est une garantie absolue contre une politique inquiète ; pour le Jura, il nous est bien permis de l'ajouter, c'est plus qu'un honneur, c'est une gloire.

Il serait oiseux de relater les appréciations de la presse républicaine sur le nouvel élu ; on n'y trouve que des nuances dans l'éloge et la satisfaction. Il nous suffira donc de citer, dans cet ordre d'idées, les lignes suivantes du *Temps* :

« Le choix du nouveau président ne contribuera pas peu à rassurer l'esprit public et à bien fixer la signification de la dernière crise. Les classes conservatrices, celles-là mêmes qui ont le plus de préjugés contre le régime actuel et qui auraient peut-être souhaité un autre dénouement, n'élèvent aucune objection contre le nom de M. Grévy. C'est un républicain, sans doute, mais c'est un homme d'ordre et de gouvernement, un homme d'expérience, qui a fait ses preuves de fermeté et de discernement en mille occasions, et qui sait au besoin avoir raison, même contre les siens et ceux de son parti.

« Ce n'est pas lui, on le sait, qui gênera en rien le jeu des institutions parlementaires, ni en particulier la libre initiative de ses ministres ; mais on sait aussi qu'il ne sera pas plus un homme de paille dans la souveraine magistrature qu'il ne l'a été au fauteuil de la présidence de la Chambre, et que ni les prérogatives du pouvoir ni les véritables intérêts conservateurs ne péricliteront entre ses mains. Le Congrès républicain, en élisant M. Grévy, a bien montré qu'il n'était pas une Convention, assujéttie à un petit parti, mais le Parlement régulier de la nation, et qu'il entendait établir un Gouvernement légal et fort autant que libre.

« Plus que tous les autres, les libéraux éclairés, qui ont toujours eu le souci des difficultés inhérentes à notre puissante — et inévitable — centralisation, applaudissent au choix de M. Grévy. En sa personne l'ordre civil reprend, même dans les apparences, le rang qui lui appartient *pleno jure* dans la hiérarchie des pouvoirs, à savoir le premier.

« Bien que l'armée soit entourée chez nous de la considération universelle, il est d'un bon effet pour tout le monde, au dedans et au dehors, que la France se montre gouvernable et réellement gouvernée par un autre qu'un militaire. La force publique, dont aucun régime ne se peut passer, n'y perdra absolument rien ; mais la liberté et notre bonne réputation y gagneront sûrement quelque chose. L'expérience, il est vrai, n'est pas nouvelle ; l'histoire dira que M. Thiers, au pouvoir (et dans quelles circonstances !) n'a pas gouverné moins facilement que le maréchal de Mac-Mahon et que, sous l'écharpe de ce petit bourgeois, la France s'est sentie aussi bien tenue et autant en sécurité que sous l'épée de n'importe quel général. Mais tant de gens ont intérêt à nous faire oublier cette leçon, qu'il vaut la peine de la renouveler. »

Ce sont les feuilles réactionnaires dont il importe surtout de noter l'opinion. Nous commençons par le *Moniteur* :

« L'Assemblée nationale a eu la main heureuse en donnant M. Grévy pour successeur au maréchal de Mac-Mahon..... S'il est un homme qui n'ait jamais varié dans ses principes, qui, par défaut de prévision, manége ou ambition, n'ait jamais dévié de la ligne de conduite qu'il s'était d'abord tracée, c'est assurément M. Jules Grévy. D'autres noms peuvent avoir plus d'éclat, plus de retentissement : aucun n'a plus d'autorité. Son républicanisme réfléchi et convaincu n'a jamais cessé d'être l'adversaire de l'arbitraire, et on ne l'a jamais vu dans le parti de ceux qui, sous la République, ne cherchent qu'à imposer leurs doctrines par la violence. Inébranlable dans ses opinions, il a su résister à son parti lorsque son parti se trompait. Sa conscience politique n'a jamais payé le prix de sa popularité. Cette rectitude et cette clairvoyance politique, qui forment le caractère dominant de M. Grévy, résument aussi toute sa vie politique. On peut dire de lui qu'il est resté l'homme qui, en 1848, proposait avec tant de perspicacité, et défendait avec une si ferme éloquence cet amendement célèbre dont son nom évoque aussitôt le souvenir. »

Le *Constitutionnel* n'est pas moins élogieux :

« Dans M. Grévy tout se rencontre pour donner de la satisfaction aux hommes de la gauche et pour laisser de la confiance aux hommes de la droite. Sous les auspices de M. Grévy, un parti de gouvernement peut se former à la fin et donner à une situation trop instable et trop flottante une allure réglée, grave et ferme.

« C'est une intelligence rompue aux nécessités de la politique parlementaire, une intelligence pénétrée de la notion et du sentiment du droit ; c'est un caractère haut, résolu, d'une solidité à toute épreuve. Le pouvoir est allé à lui, sans qu'il l'ait recherché, et même sans qu'il l'ait souhaité.

« Il sera le bienvenu. »

Un journal qui s'est toujours fait remarquer par ses violences contre la République, l'*Assemblée nationale*, est presque aimable :

« Oui, si M. Grévy conserve à l'Elysée l'attitude qu'il avait prise à la Chambre comme président, il sera certainement soutenu par les conservateurs dans sa lutte contre les intransigeants, et il verra que les conservateurs ne sont pas des adversaires, encore moins des ennemis pour un chef d'Etat qui sait apprécier la supériorité de la religion du patriotisme sur les ardeurs du fanatisme politique.

« Louis XII, en prenant la couronne, disait qu'il ne vengeait pas les injures du duc d'Oréans.

« M. Grévy, en montant sur le trône présidentiel, dira-t-il aussi qu'il a cessé d'être un des chefs de son parti et qu'il est devenu le chef de toute la France ?

« N'est-ce pas, d'ailleurs, en agissant ainsi, qu'il deviendrait peut-être le véritable fondateur de la *nouvelle République* ? »

Dans une feuille teintée de bonapartisme, l'*Estafette*, on lit, sous la signature de M. L. Détroyat :

« Je ne peux pas mieux faire aujourd'hui que de souhaiter la bienvenue à l'éminent citoyen qui occupe depuis hier la première magistrature de France.

« Que l'amour de la patrie dicte toutes ses actions ; que le respect de la loi l'inspire sans cesse !

« A l'estime que les partis politiques lui accordent déjà, il ajoutera ainsi la reconnaissance de tous les honnêtes gens.

« Il couronnera alors le plus dignement du monde une carrière qui, pour ne pas avoir l'éclat de tant d'autres, n'en est pas moins méritoire en raison des services qu'il a modestement rendus à son pays.

« La majorité des représentants de la nation le lui a prouvé hier en l'élevant à la présidence de la République.

« La France le lui prouvera aujourd'hui en saluant avec joie ce choix de ses représentants ! »

La *Liberté* ne cache pas son admiration pour la manière dont s'est opérée la transmission du pouvoir :

« Il est rare qu'un événement politique aussi important que celui d'hier s'accomplisse avec une tranquillité, une facilité aussi complètes. Même sous la monarchie, l'héritage du sceptre ne passe pas avec moins de contestation en d'autres mains. Là-dessus, il n'y a qu'une voix. La machine inventée par M. Wallon a des rouages défectueux et révisables ; mais, hier, toutes Chambres réunies, le rouage de la transmission du pouvoir a fonctionné sans ces grincements qui inquiètent et préoccupent l'opinion. Il y a là un enseignement qu'avec notre impartialité ordinaire nous reconnaissons avec plaisir. Notre patriotisme est heureux pour la France de la façon dont aujourd'hui se passent les événements les plus considérables. Puisse l'ère des révolutions troublantes être fermée à jamais ! Puisse commencer le règne des évolutions pacifiques ! »

Paris-Journal constate le même fait, mais avec « mélancolie : »

« L'arrivée de M. Grévy, ce vieux républicain, à la première magistrature de la République n'étonnera ni ne choquera personne.

« Nous ne savons pas ce que sera l'avenir, nous ne voulons pas examiner s'il n'y a pas un grand péril dans la facilité même avec laquelle les changements les plus considérables peuvent désormais s'opérer parmi nous ; nous préférons, sur un terrain qui n'est pas le nôtre, nous réjouir mélancoliquement de l'ordre avec lequel les choses se sont passées, et dont les ambassadeurs, qui se pressaient au complet dans la tribune diplomatique, ont déjà rendu témoignage à leurs gouvernements. »

Terminons cette revue de la presse réactionnaire par deux citations à signaler.

La première, empruntée à l'organe officiel de la légitimité, à l'*Union*, pourrait s'appeler « l'exécution du Maréchal par un ancien ami : »

« La présidence du Maréchal aura été une nouvelle preuve de l'inutilité des bonnes intentions, quand une forte conviction ne les anime pas. Il ne suffit pas d'avoir le goût du bien, il faut en avoir l'intelligence, et trouver dans les principes la puissance d'accomplir les grandes choses. Dieu nous garde de manquer de respect envers celui qui vient, non pas de tomber, mais de descendre du pouvoir. Mais il est trop vrai que son passage aux affaires, avec des attributions souveraines, n'aura pas été un bonheur pour notre pays. »

La seconde est extraite d'une feuille cléricale publiée à Lyon sous le nom d'*Echo de Fourvière* :

Le pieux journaliste gémit de voir « la noble France gouvernée par un avocat d'une nature vulgaire, qui n'apportera dans l'exercice de ses fonctions ni talent hors ligne, ni caractère, ni dignité.» Il trouve « qu'on a droit de s'étonner que sur trente-six millions de Français on ne puisse pas trouver une personnalité plus remarquable que celle de M. Grévy. » — Et plus loin : « Le nouveau président, rendons lui cette justice, n'est ni un aventurier, ni un socialiste, ni un impie déclaré. Il est pire que cela. C'est un endormeur, c'est un girondin ! Sous le couvert de ses allures conciliantes et pacifiques, la désorganisation de la France va s'achever avec une effrayante rapidité. »

Mais laissons ce sacristain en démence à ses injures et à ses prophéties ; son opinion a sans doute une haute autorité ; cependant nous lui préférons le jugement unanime porté par la presse étrangère sur le successeur du Maréchal.

« Les Chambres ont choisi en M. Grévy, dit le *Times*, l'homme qui, depuis l'établissement de la République, est reconnu comme étant le mieux qualifié pour exercer la présidence. La population a compris que le pays aurait plus de chances de calme à l'intérieur sous le gouvernement de M. Grévy qu'elle n'en a eu sous le maréchal de Mac-Mahon. Les visées politiques du président ne seront plus en contradiction journalière avec ses devoirs constitutionnels. L'Elysée respectera les décisions du Parlement. Le ministre de la guerre redeviendra libre d'opérer des réformes. »

D'après le *Daily News*, l'élection de M. Grévy est un hommage rendu au mérite « du plus droit peut-être, du plus consistant, et de l'un des plus sagaces parmi les hommes politiques de la France. Nul autre n'était plus digne de cet honneur, nul n'avait aussi bien prouvé par son passé qu'il comprend les devoirs d'un président constitutionnel et qu'il les remplira avec talent et honnêteté... La sincérité et la modération du républicanisme de M. Grévy sont hors de question Les puissances étrangères ont en lui une garantie contre une politique téméraire tant qu'il sera à la tête de la nation française, vu qu'il a protesté de toute sa force contre la déclaration de guerre à l'Allemagne. M. Grévy n'a jamais été un politicien agité, mais il s'est trouvé toujours du côté de la liberté. »

La *Gazette nationale* de Berlin s'exprima de la manière suivante :

« Depuis 90 ans, on n'a vu en France aucun changement de gouvernement mieux préparé extérieurement, mieux motivé au fond, et plus facilement exécuté que celui qui s'opère en ce moment. Le calme avec lequel ce changement a lieu montre que l'épreuve à laquelle le parti dominant se dispose à soumettre les nouvelles institutions n'est pas au-dessus de leurs forces. Nous n'avons pas de motif pour supposer que les choses ne puissent pas continuer de se passer avec calme. »

« La République, dit la *Gazette de Francfort*, est aujourd'hui entre bonnes mains. Un homme désintéressé, dévoué de tout temps à la cause républicaine, à laquelle il a rendu de grands services, un esprit aussi résolu que calme, est maintenant à la tête de la nation française. L'élection de M. Grévy montre que le caractère français s'est converti à une simplicité modeste, à une grandeur véritable et non superficielle. Cette élection sera favorable à la République et à la paix. »

Le *Golos*, de St-Pétersbourg, accueille favorablement le nouveau président de la République :

« La crise gouvernementale suscitée par la retraite du maréchal de Mac-Mahon s'est dénouée le plus pacifiquement du monde. Du même coup les espérances que les monarchistes fondaient sur les complications que la Constitution imaginée par eux en 1875 avait réservées pour 1880 se sont définitivement envolées en fumée. C'est un grand bonheur pour la France. Le choix des Chambres françaises sera sans contredit ratifié avec sympathie par tous les États de l'Europe. On n'en aurait pu faire un meilleur. Le nouveau président est un homme d'une haute réputation d'intégrité, d'énergie et d'expérience. Du temps de M. Thiers déjà, il avait été désigné comme son successeur éventuel. Républicain convaincu, M. Grévy a su se tenir toujours au-dessus des passions de parti. Au poste élevé qu'il va occuper, il continuera à s'inspirer de cette impartialité et de ce sang-froid avec lesquels il a dirigé si heureusement les débats de la Chambre des députés. La France peut avoir pleine confiance dans la sagesse de son premier magistrat. De son côté, l'Europe se plaît à espérer que la Républque française persistera, sous son égide, dans la politique modérée qui lui a valu sa prospérité actuelle. »

Un journal russe officieux, qui n'a jamais montré une bien vive sympathie pour les idées républicaines, le *Nord*, de Bruxelles apprécie ainsi le mémorable événement du 30 janvier :

« Cette exécution correcte et facile de celui des articles de la Constitution dont l'application semblait justifier les appréhensions les plus sérieuses, ou au moins les doutes les plus plausibles, ne peut que favoriser la consolidation des institutions actuelles. Quant au choix qui a été fait par le Congrès, il est à peine besoin de dire qu'il n'aurait pu être meilleur. M. Jules Grévy est un républicain convaincu, ce qui assurément n'est pas un défaut pour un président de République ; mais c'est en outre un républicain essentiellement anti-révolutionnaire, et qui, dans sa carrière politique si honorablement remplie, s'est toujours maintenu avec fermeté sur le terrain de la plus rigide légalité et du dévouement le plus complet aux principes de la conservation sociale... L'élection de M. Grévy et les conditions dans lesquelles elle s'est faite produiront, nous en avons la conviction, une bonne impression à l'étranger, et y feront naître l'espoir que sous la main ferme et sous la direction éclairée du nouveau président, la République française ne s'écartera pas de la voie que lui a tracée son illustre fondateur. »

La *Presse*, journal ministériel de Vienne, signale « la correction de la solution qui a mis fin à la crise présidentielle. » Quant à M. Jules Grévy, « il n'est pas douteux, ajoute-t-elle, que son attachement à la République, attachement éprouvé et de longue date, et que ses qualités personnelles ne le rendent digne d'occuper le premier poste dans son pays. M. Grévy est toujours resté fidèle à ses convictions, mais il n'a jamais été homme de parti ; il a toujours su conserver une certaine indépendance, et il saura la maintenir dans sa nouvelle dignité. La proposition qu'il fit en 1848 et qui, si elle avait été adoptée, aurait préservé la France de malheurs sans nom, témoigne de sa perspicacité politique. Plus calme et doué de moins d'imagination que M. Thiers, il a un peu l'opiniâtreté et tout à fait l'énergie de ce grand homme d'Etat.... M. Grévy est le dernier représentant de la république conservatrice, et la république sera conservatrice ou elle ne sera pas. »

« La France a donné hier au monde un spectacle imposant, écrit la *Nouvelle Presse libre* de Vienne. En quelques heures une crise a été menée à bonne fin, crise dont beaucoup d'esprits, en dehors de la France, redoutaient des troubles dans ce pays si impressionnable. Mais jamais peut-être, dans l'histoire, on n'a vu un peuple tirer autant de leçons de ses malheurs et de ses défaites. Il semble presque que les coups du sort de 1870-1871 ont ouvert les yeux au peuple français, et que cette nation ondoyante, mobile et passionnée, s'est transformée comme par miracle en un peuple plein de prudence, de netteté dans la volonté, de sens pour le droit et la légalité. » — Et un peu plus loin: « Jules Grévy est l'homme qu'il faut pour remplir dignement les hautes fonctions auxquelles il vient d'être appelé ; que cet homme soit le représentant de l'élément civil dans la plus rigoureuse acception du mot, que la France ait rompu définitivement avec cette absurde marotte de voir dans le sabre d'un soldat l'unique salut du pays, voilà qui est à nos yeux un symptôme inappréciable du revirement qui s'est opéré dans l'esprit de la population de ce pays, qui saura faire bon usage des institutions dont il jouit aujourd'hui. »

Un autre journal de Vienne, qui passe pour être l'organe de la Cour, le *Fremdenblatt*, constate que « le successeur du maréchal de Mac-Mahon peut être considéré comme le représentant le plus intègre et le plus digne de l'idée conservatrice républicaine, » et que « le changement de gouvernement s'opère pour la seconde fois depuis la réunion de l'Assemblée nationale, en 1871, avec un ordre et une tranquillité tels qu'ils n'ont régné qu'une seule fois en France depuis la première Révolution à l'avénement de Charles X. »

La *Gazette allemande*, après avoir rendu hommage à la façon correcte dont le Maréchal a donné sa démission, continue ainsi : « M. Grévy est un des républicains les plus fermes et les plus logiques de France ; il a professé des principes républicains depuis son entrée dans la vie publique. En lui la France acquiert un homme qu'elle n'a jamais eu, ni sous la première République, ni sous la seconde, ni sous la troisième, un chef du pouvoir exécutif qui est tout à la fois républicain et libéral. Dès aujourd'hui la France est une République libérale et républicaine. »

Nous pourrions remplir vingt pages d'extraits de journaux étrangers qui tous également témoignent leur estime pour le nouveau président de la République et leur admiration pour l'ordre, le calme, et la facilité avec lesquels s'est accompli chez nous le grand acte du 30 janvier, Cet hommage rendu par l'Europe à nos institutions républicaines et à l'élu de nos représentants, nous l'enregistrons avec une juste fierté et une confiante espérance.

En prenant possession de sa haute magistrature, M. Grévy devait au pays un programme gouvernemental. Il le formula dans le message suivant adressé aux Chambres le 6 février :

« Messieurs,

« L'Assemblée nationale, en m'élevant à la présidence de la République, m'a imposé de grands devoirs. Je m'appliquerai sans relâche à les accomplir, heureux si je puis, avec le concours sympathique du Sénat et de la Chambre des députés, ne pas rester au-dessous de ce que la France est en droit d'attendre de mes efforts et de mon dévouement.

« Soumis avec sincérité à la grande loi du régime parlementaire, je n'entrerai jamais en lutte contre la volonté nationale exprimée par ses organes constitutionnels.

« Dans les projets de loi qu'il présentera au vote des Chambres et dans les questions soulevées par l'initiative parlementaire, le Gouvernement s'inspirera des besoins réels, des vœux certains du pays, d'un esprit de progrès et d'apaisement ; il se préoccupera surtout du maintien de la tranquillité, de la sécurité, de la confiance, le plus ardent des vœux de la France, le plus impérieux de ses besoins.

« Dans l'application des lois qui donne à la politique générale son caractère et sa direction, il se pénétrera de la pensée qui les a dictées ; il sera libéral, juste pour tous, protecteur de tous les intérêts légitimes, défenseur résolu de ceux de l'Etat.

« Dans sa sollicitude pour les grandes institutions qui sont les colonnes de l'édifice social, il fera une large part à notre armée dont l'honneur et les intérêts seront l'objet constant de ses plus chères préoccupations.

« Tout en tenant un juste compte des droits acquis et des services rendus, aujourd'hui que les deux grands pouvoirs sont animés du même esprit, qui est celui de la France, il veillera à ce que la République soit servie par des fonctionnaires qui ne soient ni ses ennemis ni ses détracteurs.

« Il continuera à entretenir et à développer les bons rapports qui existent entre la France et les puissances étrangères, et à contribuer ainsi à l'affermissement de la paix générale (1).

---

(1) Voici, comme spécimen, la lettre par laquelle M. Grévy notifia au roi de Portugal son élévation à la présidence de la République française :

« *Jules Grévy, président de la République française, à Sa Majesté le roi de Portugal et des Algarves.*

« Très cher et grand ami,

« M. le maréchal de Mac-Mahon, duc de Magenta, ayant résigné ses pouvoirs, le 30 janvier dernier, le Sénat et la Chambre des députés se sont réunis, le même jour, en Assemblée nationale, et j'ai été élu et proclamé président de la République française.

« En acceptant la première magistrature de mon pays, je me suis pénétré des devoirs qu'elle m'impose, et je sais que pour répondre à la confiance de mes concitoyens aussi bien qu'à mes aspirations personnelles, je dois mettre tous mes soins à maintenir et développer les bonnes relations qui unissent la France aux puissances étrangères, afin de contribuer ainsi à l'affermissement de la paix générale. Je serai heureux de remplir cette haute mission de concert avec Votre Majesté, et je m'étudierai à resserrer les liens d'amitié entre les deux pays.

« J'ose espérer de la part de Votre Majesté la réciprocité de ces sentiments, et, dans cette conviction, je la prie d'agréer les assurances de ma haute estime.

« Ecrit à Paris, le 2 février 1879. « JULES GRÉVY. »

« WADDINGTON. »

« C'est par cette politique libérale et vraiment conservatrice que les grands pouvoirs de la République, toujours unis, toujours animés du même esprit, marchant toujours avec sagesse, feront porter ses fruits naturels au Gouvernement que la France, instruite par ses malheurs, s'est donné comme le seul qui puisse assurer son repos et travailler utilement au développement de sa prospérité, de sa force et de sa grandeur.

« *Le Président de la République,*

« Jules GRÉVY. »

« Par le Président de la République,

« *Le président du conseil, ministre des affaires étrangères,*

« WADDINGTON. »

« Versailles, le 6 février 1879. »

Voilà, certes, un programme net et résolu, bien différent des messages présidentiels du Seize-Mai, et bien digne d'inaugurer, avec la condamnation du pouvoir personnel, une politique d'apaisement, de travail, de sécurité et de sagesse. Habitués jusqu'alors à un tout autre langage, les journaux de la réaction simulèrent une déception dédaigneuse et firent chorus avec les deux ou trois feuilles ultra-radicales. L'*Union* mit une haute fantaisie à apprécier ce « morceau incorrect et banal ; » le *Français* découvrit que c'était là « une parole sans accent, qui ne touche ni l'intelligence, ni le cœur, ni même les passions du pays ; » l'*Ordre* railla ce « message terne et gris, » où l'*Univers*, par la plume de M. Louis Veuillot, ne vit que de « vagues déclarations. » En échange, la presse républicaine a traduit fidèlement, dans ses appréciations élogieuses, le sentiment presque unanime de la France et de l'Europe. L'organe le plus important de la majorité parlementaire, la *République française*, fournit une des notes les plus justes :

« Il ne suffirait pas de louer, dans le message de M. le président de la République, la forme sévère et sobre, l'heureuse concision, l'accent si juste et si sincère des déclarations par lesquelles M. Jules Grévy a voulu marquer les caractères principaux de sa magistrature. Ce langage si simple et si digne ira droit au cœur du pays. La France aime la clarté et la franchise. Il n'y a rien dans le message qui ne soit parfaitement net et loyal. Mais ce qui frappe surtout, c'est la décision tranquille du nouveau président. C'est un homme qui connaît son devoir et qui est décidé à le remplir. Dans les limites de son devoir il est résolu à se renfermer, ne voulant empiéter sur les attributions de personne, laissant les ministres gouverner, exerçant sa prérogative propre et n'allant jamais au delà. M. Grévy croit à l'avenir ; c'est pourquoi il ne se presse pas, ne se hâte point et ne laisse apercevoir d'autre souci que de communiquer à la nation qui lui a donné sa confiance ce sentiment de la sécurité et de la stabilité, qui sont, comme le dit le message, le plus ardent des vœux de la France et le plus impérieux de ses besoins »

Le *Temps* se place à un autre point de vue :

« M. Jules Grévy avait à indiquer en quoi la nouvelle présidence se différencie de la présidence précédente... Il lui appartenait d'établir avec précision la signification du changement qui vient de s'opérer dans l'occupation du pouvoir suprême Là était la première, on peut presque dire l'unique indication que l'on attendait du message. Cette indication, M. Grévy l'a donnée avec une absolue netteté. Sans hésitation dans la pensée et dans l'expression, il a dit comment il comprenait le rôle constitutionnel du chef de l'Etat. Il a rompu par la plus claire des déclarations avec les conceptions erronées de son prédécesseur en matière de pouvoir présidentiel: « Soumis, a-t-il dit, avec sincérité à « la grande loi du régime parlementaire, je « n'entrerai jamais en lutte contre la volonté « nationale, exprimée par ses organes cons- « titutionnels. » Ces paroles contiennent ce qu'on pourrait appeler la synthèse des derniers événements. Elles marquent le point principal par où la présidence Jules Grévy se distingue de la présidence du Maréchal. Depuis 1873 toutes nos difficultés, toutes nos crises sont venues surtout d'une fausse entente de la loi constitutionnelle. L'article 8 de la Constitution qui établit l'irresponsabilité du chef de l'Etat n'avait été ni entièrement compris, ni entièrement accepté par l'ex-président et surtout par les conseillers qui ont constamment cherché, dans un intérêt de parti, à fausser, dans l'exécution, le contrat constitutionnel. De là ces déchirements qui ont failli amener les plus redoutables crises et qui nous ont valu la période tourmentée du 16 mai au 14 décembre 1877. Ces déchirements ne sont plus à craindre L'article 8 de la Constitution, dont on peut dire qu'il est le pivot de nos institutions, devient désormais une loi acceptée par tous, par le chef de l'Etat comme par le Parlement et par le pays, et lorsque cette acceptation émane d'un homme tel que M. Grévy, on peut se tenir pour assuré qu'elle n'est pas de pure forme et qu'elle ne recevra dans la pratique aucun démenti

« Le message inaugure donc la plénitude du régime parlementaire. C'est là son principal caractère, et M. Grévy a fait montre de son sens politique accoutumé en s'en tenant, dans les premières paroles qu'il adressait aux Chambres et à la nation, à une affirmation de la loi constitutionnelle...

« L'impression produite, tant dans les Chambres qu'au dehors, par l'écrit présidentiel, est excellente. Aucune critique sérieuse n'est dirigée contre les paroles si constitutionnelles, si affirmatives de la République, du nouveau chef de l'Etat. Ces paroles n'ont fait que confirmer chacun dans ce sentiment qui s'est manifesté partout le 30 janvier, que nous en avons fini avec les irritantes questions gouvernementales, que nous sommes entrés dans un ordre de choses régulier et que rien ne va plus distraire les Chambres et le pays des travaux féconds. Cette confiance publique dans la solidité de notre paix intérieure, dans la sécurité de nos relations extérieures, le message l'accroît. C'est un résultat que n'ont pas toujours obtenu les messages, même lorsqu'ils ont eu la prétention de dire plus que n'a dit et voulu dire M. Grévy. »

Dans le *Journal des Débats*, M. John Lemoine n'est pas moins explicite :

« Nous n'hésitons pas, dit-il, à féliciter le nouveau président de la République de la concision française et de la simplicité américaine de son langage. Il est bon que la République prenne tranquillement et naturellement possession du pouvoir, qu'elle y entre comme dans sa maison, dans son domicile, nous allions dire dans son royaume. Beaucoup trouveront ce message trop sobre et trop froid, et c'est précisément ce qui en fait à nos yeux le mérite principal. Cette retenue respectueuse de la part du chef de l'Etat ne peut que contribuer à affaiblir et finalement à détruire chez nous l'idée funeste du gouvernement personnel qui y est si fortement enracinée. Trop longtemps la nation a attendu le mot d'ordre et reçu les commandements d'en haut ; il est temps qu'à son tour elle les donne... C'est pour la première fois depuis le régime nouveau que règne enfin cet accord des pouvoirs qui composent la législature et le Gouvernement. Pour la première fois la République est chez elle et maîtresse chez elle .. Sans manquer à ce qui est dû à un homme qui n'est plus au pouvoir, nous pouvons dire que le dernier président n'avait jamais été le président de la République. Délégué et légataire d'une Assemblée royaliste, il avait presque le droit de se considérer comme faisant un intérim jusqu'au jour où le pays se serait donné un Gouvernement définitif. Ce jour arrivé, son rôle était fini... Nous sommes convaincus que le pays entendra avec satisfaction le langage calme et calmant du nouveau président. Nous sortons de l'état militant pour entrer dans la période des affaires.»

L'appréciation du *Siècle* est aussi à citer :

« La France républicaine reconnaîtra sa pensée et ses vœux dans ces fermes déclarations, dans ce langage droit, honnête et libéral. Sans sortir de la réserve que comporte la haute magistrature qu'il occupe, M. Jules Grévy a exprimé en termes précis et fermes les aspirations de progrès, de sécurité et de liberté dont est animée la démocratie française. La nation se sentira fière d'elle-même et rassurée pour l'avenir en lisant ces paroles où l'on sent respirer une haute probité et un sincère dévouement au pays. C'est la première fois qu'un pareil langage lui vient des sommets du pouvoir et lui apporte cette suprême sécurité qu'il n'y a plus en France qu'une seule loi, la loi de la volonté nationale. »

L'Europe témoigna la même approbation que la France au message présidentiel. Il nous suffira de rappeler à ce sujet l'opinion exprimée par un journal ministériel de Vienne, la *Presse* :

« Le message est pénétré d'un souffle constitutionnel et libéral qui forme un bienfaisant contraste avec la réserve pleine de défiance que le prédécesseur de M. Jules Grévy montrait à l'égard de la nation et du Parlement... Il sera accueilli avec faveur, même par les cercles conservateurs qui croyaient jusqu'ici que la République des républicains serait la fin de tout, et qui ne pourront pas ne pas reconnaître que le Gouvernement du pays par lui-même offre également des garanties pour la conservation des biens suprêmes d'un peuple. »

La réception du corps diplomatique étranger par le nouveau chef de l'Etat (8 février) a bien prouvé les sentiments de confiance et de sympathie des divers gouvernements d'Europe pour la nation qui venait d'appeler à sa tête l'éminent citoyen désigné, depuis la mort de M. Thiers, à ce poste élevé. Une rare cordialité anima cette solennité officielle. M. Grévy, d'ailleurs, avait déjà reçu individuellement les ministres étrangers, et l'on savait, par les révélations de la presse européenne même la moins sympathique, que ces entrevues avaient laissé la meilleure impression dans l'esprit des diplomates en résidence à Paris. Le président de la République en manifesta toute sa satisfaction aux ambassadeurs ; en même temps, dit le compte-rendu officiel, il a « adressé ses remercîments aux souverains et aux gouvernements étrangers pour l'empressement qu'ils ont mis à régulariser la position de leurs représentants auprès du nouveau gouvernement de la République française. » Cet empressement est, en effet, des plus significatifs. Nous pourrions rappeler, comme le *Temps* le fit remarquer alors, que tel gouvernement, tel régime prétendu conservateur n'en a pas bénéficié à ce point ; nous pourrions même ajouter que certaines feuilles de la droite, prévoyant et redoutant la démission du Maréchal, invoquaient déjà, pour nous effrayer, la résistance possible, tout au moins la mauvaise grâce probable des gouvernements monarchiques quand il s'agirait d'engager des relations officielles avec un président de la République républicain. Il semblait, à les entendre, que l'avénement de M. Grévy allait aussitôt nous créer des difficultés extérieures, nous obliger à des avances désagréables, peut-être à des concessions peu dignes d'un grand pays. Or, il se trouve que c'est justement le contraire ; la diplomatie, qui n'est pas précisément composée de sots, a compris que la pacification définitive de la France était un événement des plus favorables à la bonne entente de l'Europe tout entière ; elle a senti qu'il y avait là, au point de vue de la sécurité des relations internationales, des garanties de sûreté, de solidité, de loyauté, que n'avait su fournir un gouvernement divisé, tiraillé, équivoque, comme l'était le gouvernement du Maréchal.

Les puissances étrangères savent désormais, aussi bien que nous, sur qui et sur quoi l'on doit compter. La France a une opinion très-arrêtée, très nette, qui a traversé victorieusement les longues péripéties d'un débat contradictoire ; elle a voulu le Gouvernement qu'elle a, et jamais victoire n'a été poursuivie avec un tel ensemble, disputée avec une telle énergie, remportée enfin avec un tel éclat. Le terrain a été gagné pied à pied, à force de sagesse de clairvoyance, de volonté ferme et patiente. En réalisant l'harmonie des pouvoirs et le triomphe définitif du régime parlementaire, la présidence de M. Grévy établit solidement sur ce terrain la vraie République, sage, modérée, conservatrice, la République de la paix, de la confiance, du travail, des réformes, du progrès et de la liberté ; forte de l'assentiment d'une immense majorité, cette présidence ouvre au pays un large et calme horizon.

L'avenir montrera quelle heureuse influence un tel choix peut exercer sur les destinées d'une grande nation arrivée non sans peine à la forme de gouvernement de ses vœux. Notre histoire et l'histoire des Etats-Unis nous apprennent ce qu'on doit souhaiter ou craindre chez le premier représentant d'une République. L'existence entière de M. Grévy, l'invincible fermeté de ses convictions libérales, son profond sentiment des aspirations et des besoins de la démocratie, son culte de la justice et de la légalité, son respect de la volonté nationale et du droit des majorités, son élévation d'esprit, sa loyauté de caractère, la simplicité de ses habitudes et de ses goûts sa raison si haute et si sage, tout en lui, jusqu'à cette sérénité tranquille, qui ne l'abandonne jamais, tout nous vaut un président entouré d'estime, de respect, de sympathie, dont la seule présence à la tête de l'Etat est à la fois la garantie et l'éloge des institutions républicaines.

Nous avons essayé de rappeler dans les pages qui précèdent, les principaux faits d'une longue et vaillante carrière politique glorieusement couronnée par l'arrivée au pouvoirs. Observateur impartial, aussi éloigné du panégyrique que de la détraction, nous avons étudié avec une respectueuse et sympathique admiration, nous le dissimulons pas, mais en toute sincérité et en pleine indépendance, l'éminente personnalité d'un jurassien dont notre cher et patriotique département n'est pas seul à s'enorgueillir. Il nous reste à montrer brièvement, à côté de l'homme politique, dont nous venons de retracer l'existence et que nous tenterons d'apprécier plus loin dans une vue d'ensemble, l'homme privé, le lettré, l'avocat, l'orateur parlementaire.

M. Grévy est une de ces fortes natures du Jura taillées dans le granit. Il porte allégrement ses soixante et onze ans. Sa taille haute et droite, sa démarche assurée et tranquille dénotent le robuste montagnard. Tout le monde connaît cette figure sévère et pensive. Le front est large et semble sculpté dans un bloc d'ivoire. Le regard a une clarté, une finesse pénétrante. La bouche, remarquablement expressive, aux plis délicats et réguliers, comme toutes celles où la parole se joue à l'aise et dont les lèvres ont coutume de ciseler le langage, laisse deviner comme un sourire de stoïcisme discret tempéré d'indulgente bonhomie. Les joues, d'une ligne nette, sont encadrées de favoris blancs. De l'ensemble de la physionomie, bienveillante dans sa gravité, il se dégage un air de fermeté, de loyauté, de persévérante conviction, qui frappe de prime abord et s'impose au souvenir.

Au moral, équilibre exact de toutes les facultés, avec une qualité maîtresse : le bon sens, et une vertu dominante : la volonté. Le caractère est froid, sérieux, réfléchi, sans entraînement, sans passion exclusive; la consistance, la finesse, la réserve du franc-comtois s'y allient à la simplicité, au naturel, à la franchise qui ignore les réticences et les détours. Un grand fonds de bonté, de douceur, corrige ce qu'il y a d'un peu froid dans cette intégrité et cette droiture ; une sérénité philosophique mitige cette austérité. Chez M. Grévy, la bienveillance prend une expression pour ainsi dire paternelle, pendant que son inaltérable dignité, toujours calme, commande bon gré mal gré le respect.

La simplicité de ses habitudes et de ses goûts en fait un président à l'américaine, accessible à tous, d'abord plus facile que tel sous-secrétaire d'Etat, que tel chef de division d'un ministère. Tel il recevait dans son cabinet d'avocat, au 3e étage du n° 8 de la rue Saint-Arnaud, tel il reçoit à l'Elysée tous ceux qui s'adressent à lui. Personnages importants, petits bourgeois, modestes fonctionnaires, chacun est admis à ses audiences matinales, sans les mille formalités jadis de rigueur. Il est là à la disposition des visiteurs, accueillant tout le monde, sans distinction de rang, avec égards et affabilité, mettant à écouter les requêtes, à noter les réclamations et les plaintes ce mélange déjà signalé de bienveillance et de réserve qui prévient la moindre tentative d'importunité.

Ce président, si ennemi du faste et de l'étiquette compassée des cours, ne sacrifie pour cela rien de son prestige et de sa dignité Qu'il s'agisse de donner réception au corps diplomatique, ou d'ouvrir ses salons aux représentants du pays. à tout ce que le Gouvernement compte de hauts dignitaires, à tout ce que Paris renferme de notabilités dans la magistrature, dans l'armée, dans les lettres et les arts, M. Grévy sait tenir sa place en chef de l'Etat, comme il la tenait en président à la Chambre des députés, avec une aisance et une autorité natives, en homme que ne surprennent ni n'étonnent les grandeurs.

La politique, cependant, ne l'absorbe point tout entier Il y a en lui le penseur, l'homme d'étude, travaillant, à l'occasion, sept ou huit heures par jour avec une merveilleuse puissance d'effort intellectuel ; il y a le fervent disciple des lettres, à l'esprit cultivé, au goût sûr, aimant à relire les chefs-d'œuvre de l'antiquité grecque et latine, possédant à fond les classiques du XVIIe siècle et les encyclopédistes du XVIIIe, dissertant volontiers de Démosthène, de Cicéron, de Corneille, de Racine, de Bossuet, de la Fontaine, de Fénelon, en récitant de longs passages à propos, conservant son admiration juvénile pour Lamartine et sa prédilection marquée d'homme mûr pour Royer-Collard ; il y a l'écrivain au style ferme, sobre, d'une admirable concision ; il y a le publiciste sans égal qui, aux heures solennelles, sait, en quelques pages, comme dans le *Gouvernement nécessaire*, affermir l'idée républicaine et diriger l'opinion ; il y a encore l'amateur sagace et compétent, le collectionneur de vraies œuvres d'art (rien de cette sotte passion du *bibelot* qui sévit partout aujourd'hui), heureux de jeter de temps à autre, chez lui, un regard de connaisseur satisfait sur des œuvres de maîtres: deux Roybet, un Corot, un Diaz, un *tigre* à l'aqua-tinte de Delacroix, un *zouave pêchant à ligne* de Protais, un dessin de Gavarni, un Gérard Dow, acheté il y a quelques semaines à l'hôtel Drouot ; dans le salon de la rue Saint-Arnaud, l'album des *Médaillons* de David d'Angers repose sur une table à côté de l'*Enfer* de Dante, illustré par Doré, sous le beau buste en terre cuite du maître du logis, modelé par Carpeaux.

Causeur charmant dans l'intimité, le grave président se déride à converser sans contrainte; la conversation éclate, le bon mot arrive à propos, l'ironie voltige sur ces lèvres fines, atténuée presque aussitôt par une bonhomie rieuse ; tout cela simplement, sans l'ombre même de prétention. Sans plus de prétention, il exécute un *mat* compliqué ou une série de carambolages fantastiques. Les nobles gens du Seize-Mai lui en ont-ils assez fait un crime de lèse-dignité, de ces parties de billard et d'échecs où il trouve guère de vainqueurs (1)?

C'est dans le Jura, c'est dans son habitation bourgeoise de Mont-sous-Vaudrey qu'il fallait voir le président de la Chambre en rupture de décorum, à l'aise loin de Versailles, redevenant pleinement jurassien, déclarant une guerre acharnée aux perdreaux de la plaine et aux truites de la Loue, cordial, familier avec tous, choquant le verre au besoin avec quelque brave fermier, fier de lui donner à l'improviste une frugale hospitalité. A l'Elysée, M. Grévy regrettera plus d'une fois, nous en sommes sûr, les rustiques et cordiales amitiés, les tranquilles parties de pêche et de chasse, la calme maison de Mont-sous-Vaudrey. Nous sommes sûr aussi qu'il ne leur a pas dit tout à fait adieu. Ses compatriotes du Jura comptent bien qu'il n'y a entre eux et lui qu'un adieu momentané, moins long que celui qu'il a adressé à l'ordre des avocats à la Cour de Paris, lors de son avénement à la présidence de la République.

On se souvient qu'en recevant le mois dernier le bâtonnier de l'ordre, M. Grévy lui annonça qu'à son grand regret, il croyait devoir

(1) Rappelons, à ce propos, que sous ce régime, au mois de septembre 1877, la censure a interdit, comme dessin subversif, un numéro de la *Lune rousse* qui représentait M. Grévy jouant aux échecs et faisant le roi blanc échec et mat avec deux pions et un cavalier.

faire effacer son nom du tableau. « Car enfin, a-t-il dit, — en faisant allusion à l'obligation où sont les avocats de loger dans leurs meubles pour être inscrits au barreau de Paris — je ne suis plus maintenant dans mes meubles, et puis un président de République irresponsable ne peut plus rester le justiciable de l'ordre des avocats. Nous nous retrouverons dans sept ans. »

Elu lui-même deux années de suite bâtonnier. M. Grévy est une des illustrations de ce barreau qui, depuis un demi-siècle, revendique comme siens tant de noms glorieux. Juriste éminent, il a une logique serrée, une argumentation puissante, servies par un talent oratoire, grave, simple, lucide, ennemi de l'enflure et de la déclamation. Pour lui l'art de bien dire est avant tout l'art de penser juste.

Un de ses collègues du barreau, M. Laurier, a tracé son portrait d'après nature :

« A la barre, il est redoutable pour un adversaire, précis, serré, sans faconde. professant et pratiquant l'horreur de la phrase. Il plaide avec une simplicité extraordinaire, sans faste, presque sans bruit, comme un homme qui ne s'attache qu'au raisonnement ; il ne fait aucun cas du reste. Il parle d'une voix claire nette, peut être un peu molle, contraste singulier avec le nerf de sa dialectique; mais, sous cette parole négligée et comme flottante, on sent bien vite une argumentation de premier ordre... Incapable d'ailleurs d'employer un moyen, non pas mauvais, mais douteux, préoccupé non de séduire, mais de convaincre, il plaît néanmoins malgré lui par une espèce de bonhomie ronde et malicieuse en même temps, qui donne à sa logique une saveur particulière, et fait de lui une sorte de Phocion légèrement teinté de Franklin. »

« Au barreau comme dans la politique, a-t-on dit encore de lui avec raison, M. Jules Grévy semble avoir conquis la réputation par la continuité d'un talent laborieux et soutenu, plutôt que par un de ces heureux concours de circonstances qui mettent subitement en évidence l'éclat des qualités brillantes.

« On pourrait citer de mémoire les grands procès de Berryer, de Jules Favre, de Lachaud; on chercherait vainement dans la carrière de M. Jules Grévy, quelqu'une de ces causes historiques qui suffisent, par elles-mêmes, à l'illustration d'un avocat... Il est entré dans la renommée non par irruption, mais par gradation... Le naturel est sa principale qualité : sa parole coule de source, sans recherche, sans effort ; il est moins un orateur qu'un causeur ; mais ce causeur domine son auditoire par la gravité de la voix aux notes pleines et uniformément rhythmées, par le geste sobre dans sa fermeté, enfin par le large et fier regard qui illumine d'une sereine animation la placidité du visage. Il n'y a pas, chez lui, élan de la passion, mais une sorte d'irradiation du bon sens, de l'honnêteté, du courage, de la franchise. On ne saurait dire qu'il subjugue, qu'il entraîne ses auditeurs, mais il les tient par l'attention, il les enlace de sa persuasive autorité, et l'art oratoire, dont il semble avoir voulu fuir les moyens, il le retrouve avec tous ses effets.

« M. Grévy le sait bien lui-même : les coups d'attaque qui étourdissent l'adversaire, les brusques assauts qui emportent la position, ne conviennent pas à sa nature morale trop sûre d'elle-même pour chercher le succès par un jeu de hardiesse ou de hasard ; il n'admet que la lutte rationnelle, mais il la veut avec toute sa plénitude d'action. S'il n'entend pas prendre son adversaire au dépourvu, il ne veut pas davantage qu'on l'entrave lui-même ; s'il ne procède pas par violence, il entend, du moins, n'être comprimé dans aucune de ses évolutions, arrêté dans aucun de ses retours offensifs.

« Un orateur plus fougueux peut, un instant, ébranler la conviction des juges ; mais qu'il ait, lui, le temps de reformer la masse serrée et solide de ses arguments, de déployer sa dialectique souple, mobile, aux enlacements savants et forts, alors il se sent redoutable, invincible ; il marche au succès sans hésitation, il l'atteint comme un but visé de loin, mais d'un coup d'œil sûr (1). »

L'ensemble de ces qualités élevées, la nature même de ce talent sévère fournit une caractéristique nettement accentuée : M. Grévy représente, comme avocat, l'ancienne magistrature parlementaire ; il appartient à l'école des L'Hôpital et des d'Aguessau. Ne croirait-on pas à une mercuriale célèbre du XVIIIe siècle, en lisant le discours qu'il prononça en qualité de bâtonnier, à l'ouverture de la conférence des avocats, le 8 janvier 1870, sur l'éloquence judiciaire de nos jours comparée à celle de l'antiquité (2)? Son panégyrique de Berryer (3) n'est-il pas une page de haute

(1) Elie Sorin, *Jules Grévy, sa vie, son rôle politique*, p. 16, 18, 24-25

(2) Voir des extraits de ce discours dans l'ouvrage cité de M. Sorin, p. 20 et suiv.

(3) Voir ci-dessus, p. 47-49.

éloquence, où le souffle de l'inspiration et la grandeur des pensées rehaussent l'incomparable magnificence du langage?

Tel est l'avocat, tel est l'orateur politique. Il n'a jamais été l'homme des harangues retentissantes, de la rhétorique pompeuse, des périodes sonores et pauvres d'idées ; chez lui nulle emphase, rien de lyrique ni de tragique, mais la voix de la raison, de l'autorité, de l'expérience, empruntant toute sa force au bon sens, à l'honnêteté, à la conviction, au sentiment exact de la situation, à la prévision de l'avenir, à la clarté, à l'inflexible logique, au respect de la loi et du droit, à l'indomptable passion de la liberté. Voilà son éloquence, et souvent cette éloquence s'est glorieusement donné carrière dans les Assemblées.

Qu'à la Constituante ou à la Législative, il s'agisse de combattre le rétablissement de la contrainte par corps ou l'impôt sur les boissons, d'attaquer l'état de siége ou la politique du prince-président, de soutenir un amendement fameux ou une équitable proposition législative, de défendre la souveraineté du peuple, l'inviolabilité de la Constitution, l'intégrité du suffrage universel ou la liberté de la presse, de démasquer l'ambition et les sinistres projets du prétendant, de flétrir le parti de la dictature, de protester contre l'abdication d'une Assemblée constituante se retirant docilement devant le président avant d'avoir accompli son mandat ; de dénoncer le danger à une majorité aveugle, ou de prédire plus de deux ans d'avance le coup d'État; qu'au Corps législatif il faille défendre l'institution du jury ou les principes de notre droit public, condamner la candidature officielle ou battre en brèche le projet de plébiscite ; qu'à l'Assemblée nationale il importe d'élever la voix contre le septennat, ce barbarisme politique, cet expédient équivoque imaginé par les partis réactionnaires qui, croyant encore à la possibilité d'une restauration monarchique, voulaient se ménager l'avenir en établissant provisoirement un souverain avant une Constitution, en créant momentanément un pouvoir avant les institutions qui eussent dû lui servir de base ; dans toutes les circonstances, M Grévy a été l'éloquent et infatigable défenseur du droit, de la loi et de la liberté. Les fragments que nous avons cités de ses discours démontrent amplement que l'orateur est au niveau de l'homme politique. Rappelons-en quelques traits.

« L'émeute ne gronde plus dans la rue, s'écrie-t-il le 19 mai 1849, ce n'est plus de ce côté qu'est le danger,.. Ce sont les coups d'Etat qui sont aujourd'hui à craindre... C'est par les coups d'Etat militaires que les Républiques périssent... Je le répète, le danger n'est plus dans les émeutes, le danger est dans les coups d'Etat »

Le 23 juin 1849, à propos de la loi sur la presse, il lance au Gouvernement et à l'Assemblée cette apostrophe indignée :

« Vous ne comprenez pas qu'au point où est arrivée aujourd'hui la France, il est impossible de la gouverner autrement que par la liberté. Vous avez entrepris la tâche criminelle et insensée de la ramener trente ans en arrière, comme si elle pouvait reculer pour longtemps. Vous lui appliquez encore une fois ce système de compression qu'elle a brisé si souvent! Si vous aviez entrepris de décrier le Gouvernement républicain aux yeux du monde et de le faire prendre en dégoût par la France, que feriez-vous de plus ? »

« Qui êtes-vous, demande-t-il, le 25 mai 1850, à ceux qui allaient voter la mutilation du suffrage universel, qui êtes-vous. pour élever votre volonté contre la volonté de la Constitution nationale? Qui êtes-vous pour dire à la loi fondamentale de notre pays, à la loi qui vous a faits ce que vous êtes, qui êtes-vous pour lui dire : Je te permets de vivre, mais à la condition de te laisser déchirer et déshonorer en silence?

« Voilà le langage de ces hommes qui s'appellent le grand parti de l'ordre! Voilà l'ordre comme ils l'entendent! L'ordre, ce n'est pas pour eux eux le respect, le règne de la loi, c'est le règne de leurs intérêts et de leu s passions ! »

En plein Empire, en plein Corps législatif, le 4 avril 1870, il annonce et salue l'avénement prochain de la République :

« Vous croyez pouvoir enfermer un grand peuple dans vos petites combinaisons. Vous croyez pouvoir arrêter la marche du progrès et enchaîner une nation à une Constitution. L'exemple de ceux qui vous ont précédé dans cette œuvre impossible ne vous a donc pas instruits? Le peuple, à son tour, brisera vos entraves comme il en a brisé d'autres, jusqu'à ce qu'il arrive enfin, à travers les révolutions dont vous lui rouvrez la carrière, à la forme de gouvernement des peuples modernes, à la forme démocratique, la seule qui soit appropriée à notre état social, la seule dans laquelle il puisse trouver enfin l'ordre, la liberté, le repos et la prospérité dont il a si grand besoin.»

Appelé par la confiance de ses collègues à diriger les débats de l'Assemblée nationale, puis de la Chambre des députés, M. Grévy dut se consacrer tout entier, selon la tradition parlementaire, à cette délicate et importante mission. La tribune perdit alors un de ses maîtres les plus appréciés, mais le fauteuil présidentiel y gagna un modèle de dignité, de sang-froid et d'impartialité Sans sortir de la réserve que lui imposait une haute charge, ce président a eu le secret, dans ses rares allocutions, de condenser, en peu de mots, beaucoup de pensées et de vérités, de donner au sentiment général une expression toute personnelle, de prononcer toujours le mot juste, le conseil opportun, le jugement qu'attendaient l'Assemblée et le pays sur la situation, le verdict qu'enregistrera l'histoire. C'est la France qui a, par sa bouche, voué à l'exécration la Commune et à la flétrissure le Seize-Mai ; c'est l'opinion publique qui, après les élections du 14 octobre, a rendu, avec lui, hommage à « l'admirable sagesse, « à la volonté souveraine, » de la nation, à la fermeté » de ses représentants. N'est-ce pas la voix de la France qu'il a fait entendre, le lendemain du 5 janvier dernier, quand il se félicita de voir « de grandes épreuves victorieusement traversée, l'harmonie désormais assurée entre les deux branches du pouvoir législatif, la nation se montrant de jour en jour plus fortement attachée à la République;» quand il invita la Chambre à « persévérer dans sa sage conduite, à procéder toujours avec prudence et mesure, avec patience et maturité? »

Le message du 6 février n'a pas un autre accent; la déclamation ne trouve aucune place dans cette ferme et loyale profession de foi d'un président constitutionnel, uniquement inspirée, comme toute la vie, comme tous les discours de son auteur, de loyauté, de patriotisme d'attachement aux principes, de raison, de modération et de liberté.

L'orateur, le représentant, le chef du pouvoir sont tout un. « Cet homme à la raison froide, à la conscience réfléchie, à l'action calme, paraît se détourner lui-même de tout ce qui est dramatique, théâtral ; il a, par instinct, l'antipathie de toute surprise d'opinion. Quand il se mêle aux événements, on dirait qu'il les endigue, en quelque sorte, dans les inflexibles limites de sa pensée personnelle ; il n'amoindrit pas ce qu'il touche, mais il lui communique une sorte de mesure calculée, que des esprits superficiels pourraient prendre trop facilement peut-être pour une sorte d'impuissance, alors qu'elle est uniquement une réserve systématique et voulue... Il ne recule pas à l'heure du combat ; seulement il s'est fait une tactique à lui, et il la suit comme une règle absolue de laquelle rien ne le peut faire dévier... Il est sciemment et inflexiblement méthodique ; s'il ne cherche pas à s'imposer, il ne se laisse imposer nulle direction venue des hommes ou des faits ; il glisse sans bruit et sans secousse sur la pente logique d'un principe immuable (1). »

Il n'est pas dans les annales des républi-

(1) Elie Sorin, *Jules Grévy, sa vie, son rôle politique*, p. 16-18.

ques de vie plus honorable, plus pure. Une seule idée, un fait continu remplit l'existence de M. Grévy et en constitue l'unité saisissante et féconde: le dévouement à la loi, à la liberté. Toujours la même, toujours nouvelle, cette passion enflamme son langage et bat avec son cœur. Pas une défaillance, pas une ombre, pas l'apparence même d'un compromis dans une carrière qui a traversé des temps si divers, des circonstances si critiques. Il n'a jamais varié. Ce qu'il était au début, à l'Assemblée constituante, il l'est encore aujourd'hui, arrivé au pouvoir ; même confiance dans le triomphe des idées libérales, même foi résolue dans l'avenir de la République. Son rôle politique est tout d'une pièce. Le clairvoyant auteur de l'*amendement Grévy* n'a pas une seule fois dévié de la route que lui traçait sa conscience, alors même qu'il fallait rompre avec son parti ; il n'a, dans aucune occasion, sacrifié les principes aux résultats. Esprit droit et élevé, caractère ferme, mettant constamment les hommes et les choses en face du droit, il a toujours eu l'autorité et inspiré la confiance. C'est bien là le *justum et tenacem propositi virum* — qu'on nous pardonne cette citation latine ; elle n'est pas neuve, mais elle ne fut jamais mieux en place qu'ici ; — c'est bien là l'homme inébranlable dans l'intégrité, la justice, le patriotisme, au passé sans peur et sans reproche, au désintéressement égal à la conviction, dédaignant toute complaisance pour acquérir la popularité, toujours calme et admirablement maître de lui-même, poussant la modération, l'impartialité, jusqu'à une certaine indulgence à l'égard de ses adversaires, vivant en dehors et au-dessus des passions dans une atmosphère inaccessible à l'orage, sortant d'une sorte de recueillement vigilant pour défendre la loi ou signaler le péril moins en combattant qu'en conseiller et en juge.

Cette grande figure de magistrat parlementaire apparaît de nos jours calme et sereine comme l'incarnation de la loi. Aussi, devant la tombe à peine fermée de M. Thiers, le nom de M. Grévy s'est trouvé sur toutes les bouches, tous les partisans du régime actuel se sont ralliés sous son drapeau, acclamant en lui le successeur de l'homme illustre que venait de perdre la France.

Le 30 janvier l'appela au pouvoir sans qu'il l'eût cherché. Un jeune et brillant écrivain, enlevé prématurément à la politique et aux lettres, l'auteur qui a si bien apprécié *Les hommes de* 1848, présageait, en ces termes, dès 1869, ce digne couronnement d'une vie d'honneur et de loyauté :

« M. Grévy est un des rares hommes qui, dans cette année 1848, si féconde en apostasies et en défaillances, au milieu du tourbillon de l'esprit de parti et des ambitions surexcitées, ont toujours soutenu, sans jamais se laisser détourner, la cause de la liberté et de la démocratie. La droiture de l'esprit fut toujours égale chez lui à la droiture du caractère... Il n'a demandé jamais ses inspirations qu'à sa conscience .. Attitude unique, jointe à une grande modération et à un absolu désintéressement. . De tous les hommes de 1848, c'est lui qui a fait constamment preuve du plus remarquable esprit politique, et en même temps de la plus grande sincérité dans ses convictions. Son mérite et sa vertu le désignent pour les premières places, et c'est à cet homme éminent et simple que le peuple, toujours dupe et victime de ceux qui sollicitent bruyamment ses faveurs, devrait, dans le cas où se présenteraient des circonstances graves, confier quelqu'une de ces importantes et délicates missions que ne sollicitent jamais ceux qui en sont vraiment dignes (1). »

Un témoin placé dans un camp bien différent du sien, l'ancien président du Corps législatif, lui a rendu un sincère témoignage :

« Dans un temps où il y a tant d'affaissement des caractères, on éprouve un véritable bonheur à trouver un caractère aussi grave, aussi intact, et aussi élevé que celui de M. Grévy (2). »

Ce parlementaire éprouvé, vieilli dans l'expérience des Assemblées et le maniement des intérêts publics, que M. Thiers a appelé dans son testament politique « l'illustre président de la Chambre, » et à qui M. Guizot s'adressait, en 1871, comme « au premier citoyen de la France libre et appelée à régler, selon le droit et ses légitimes intérêts, ses propres destinées (3), » ce vrai patriote, qui a toujours voué à son pays et à la liberté une si persévérante, une si généreuse passion, n'est pas l'homme

(1) A. Vermorel, *Les hommes de* 1848. Paris, Décembre-Alonnier, 1869, in-18, p. 389 390.

(2) Déposition de M. Schneider devant la commission d'enquête sur le Gouvernement du 4 septembre.

(3) *Lettre à M. Grévy*, brochure politique publiée par M. Guizot au mois de mai 1871.

d'un parti, mais la personnification du droit. Jamais une grande démocratie n'aura un chef plus digne d'elle; jamais la République ne sera représentée par un esprit plus ferme, un caractère plus élevé, une probité politique plus sûre. L'avénement de M. Grévy est celui de la conscience républicaine de la France.

Lons-le-Saunier, le 23 mars 1879.

LONS-LE-SAUNIER. — Imp Victor DAMELET.

www.ingramcontent.com/pod-product-compliance
Ingram Content Group UK Ltd.
Pitfield, Milton Keynes, MK11 3LW, UK
UKHW012219240726
13966UKWH00003B/849

9 782013 186636